캐릭터로 배우는
영양소 도감

이경애(부산교육대학교 교수) 지음

교육의 길잡이 · 학생의 동반자
(주) 교학사

책을 펴내며

식품을 먹는다는 것은 매우 즐거운 일입니다. 특히 자기가 좋아하는 식품을 먹으면 더 큰 행복감을 느낍니다. 그러나 우리는 좋아하는 식품만 먹을 수는 없습니다. 어떤 식품을 먹느냐에 따라 튼튼하게 잘 성장하며 질병을 예방하고 건강해질 수도 있지만 그 반대가 될 수도 있기 때문입니다. 식품마다 들어 있는 영양소가 다르고 각 영양소들이 몸에서 하는 역할도 서로 다르므로 우리가 잘 성장하고 질병 없이 건강하게 살기 위해서는 매일 다양한 식품을 골고루 먹어야 합니다. 사람이 하루에 필요한 영양소는 40여 가지나 됩니다. 이 영양소들이 몸속에서 하는 역할과 함유된 식품 등 영양소에 대해 좀 더 자세히 알게 되면 균형 잡힌 식생활을 더 잘 실천하게 될 수 있을 것입니다.

이 책은 식품 속에 들어 있는 다양한 영양소들에 대해 그 특징, 몸속에서의 역할, 너무 많거나 적게 먹었을 때의 건강 문제, 함유 식품 등을 재미있는 영양소 캐릭터와 함께 안내하고 있습니다. 이 책에 소개한 영양소 지식을 바탕으로 어린이들이 영양소가 풍부한 다양한 식품을 골고루 섭취하는 올바른 식습관을 길러 건강하게 성장할 수 있기를 기대합니다.

　끝으로, 이 책이 나오기까지 애써 주신 (주)교학사 양진오 사장님과 황정순 부장님 그리고 편집부 여러분께 감사드립니다.

이 경 애

이 책을 보는 방법

영양소의 중요한 역할을 캐릭터로 재미있게 표현

영양소 이름

영양소 영어 이름

영양소가 몸속에서 하는 역할, 건강 정보 등을 알기 쉽게 설명

본문 내용에 관한 보충 설명이나 어려운 용어 풀이

영양소 이름의 유래, 함유 식품, 특징 등 영양소에 관한 전반적인 소개

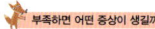

영양소의 특징을 간략하게 정리

영양소가 들어 있는 식품을 그림과 함께 제시

영양소를 너무 많거나 적게 섭취할 경우의 건강 문제

영양소에 관한 궁금증, 재미 있는 읽을거리 등 폭넓은 정보 제공

차례

C O N T E N T S

- 책을 펴내며 ·· 2
- 이 책을 보는 방법 ·· 4

영양소　　　　　　　　　　　　　　　8

3대 영양소　　　　　　　　　　　　　10
탄수화물 ·· 12
당류 ·· 14
식이 섬유 ·· 16
지방(지질) ·· 18
지방산 ·· 20
콜레스테롤 ·· 22
단백질 ·· 24

비타민 … 26

비타민 A	28
비타민 D	30
비타민 E	32
비타민 K	34
비타민 B_1	36
비타민 B_2	38
니아신	40
비타민 B_6	42
폴산	44
비타민 B_{12}	46
판토텐산	48
바이오틴	50
비타민 C	52

무기질 … 54

칼슘	56
인	58
나트륨	60
칼륨	62
마그네슘	64
철	66

아연	68
구리	70
아이오딘	72
셀레늄	74
망가니즈	76
몰리브데넘	78
플루오린	80
크로뮴	82

물(수분) — 84

물(수분)	84

피토케미컬 — 86

베타카로틴	88
라이코펜	89
안토사이아닌	90
아이소플라본	91
알리신	92
캡사이신	93
엽록소	94
레스베라트롤	95

영양소

우리는 매일 세끼의 식사와 간식으로 다양한 음식을 먹고 있습니다. 만약 음식을 먹지 않으면 어떻게 될까요? 아마 기운이 없어 뛰어 놀지도 못하고, 키도 잘 자라지 않을 뿐 아니라 질병에 더 잘 걸리게 될 것입니다. 매일 다양한 식품을 섭취하는 것은 우리가 생명을 유지하고, 건강을 지키며, 잘 성장하기 위해 매우 중요한 일입니다. 식품에는 우리 몸에서 여러 가지 기능을 하는 영양소가 들어 있기 때문입니다. 우리 몸에 필요한 영양소에는 탄수화물, 지방(지질), 단백질, 비타민, 무기질, 물이 있으며,

이를 6대 영양소라고 합니다. 이 여섯 가지 영양소는 우리 몸에서 하는 일이 각각 다릅니다. 탄수화물, 지방, 단백질은 활동하는 데 필요한 에너지를 만들어 내고, 단백질과 지방, 무기질, 물은 근육, 혈액, 뼈 등 몸을 구성하는 일을 하며, 비타민과 무기질, 물은 몸에서 일어나는 생리 기능을 조절하여 줍니다. 이와 같이 각 영양소의 기능이 서로 다르고 식품마다 들어 있는 영양소도 다르므로 여섯 가지 영양소를 모두 섭취하기 위해서는 다양한 식품을 골고루 먹어야 합니다.

3대 영양소

6대 영양소 중 에너지를 내는 탄수화물, 지방(지질), 단백질을 3대 영양소라고 합니다. 탄수화물은 우리 몸에 에너지가 필요할 때 가장 먼저 사용되는 영양소입니다. 탄수화물은 구성단위인 당의 수에 따라 당이 하나인 단당류, 당이 두 개인 이당류, 당이 수십 개 이상인 다당류로 나뉩니다. 단당류와 이당류를 당류라고 하며, 우리가 먹는 대부분의 탄수화물은 다당류에 속하는 전분이고, 식이 섬유도 다당류의 한 종류입니다. 지방은 에너지 영양소 중 가장 많은 에너지를 내며, 우리 몸에 남은 에너지는 지

방으로 저장됩니다. 지방은 지방산으로 구성되며, 지방산은 포화 지방산과 불포화 지방산의 두 종류가 있습니다. 콜레스테롤은 지방질의 한 종류이며, 동물성 식품에만 들어 있습니다. 단백질은 에너지를 낼 뿐 아니라 우리 몸을 구성하는 등 다양한 일을 합니다. 단백질은 약 20가지의 아미노산 수십~수백 개가 결합되어 만들어진 영양소입니다. 아미노산은 우리 몸에서 만들지 못하므로 반드시 식품으로 섭취해야 하는 필수 아미노산과 몸에서 만들 수 있는 불필수 아미노산이 있습니다.

탄수화물 carbohydrate

뇌의 에너지로 사용돼요.

우리 몸에 필요한 에너지를 만들어요.

영양소의 특징

- 우리 몸에 에너지가 필요할 때 가장 먼저 에너지를 만듭니다(1g당 4 kcal).
- 뇌의 에너지로 사용됩니다.
- 너무 많이 먹으면 뚱뚱해질 수 있습니다.

어떤 식품에 들어 있을까

- 곡류(쌀, 밀, 옥수수 등)
- 감자류(감자, 고구마 등)
- 과일류(바나나, 포도, 귤, 사과, 딸기 등)
- 꿀, 설탕, 사탕

어떤 영양소일까

　탄수화물은 우리가 놀거나 운동할 때, 공부할 때뿐만 아니라 잠잘 때 등 활동에 필요한 에너지를 내는 가장 기본적인 영양소입니다. 탄수화물은 식물의 광합성 작용에 의해 태양 에너지와 공기 중의 이산화 탄소, 흙 속에 있는 물을 합성해서 만들어 내므로 곡류, 감자류 등 식물성 식품에 많이 들어 있습니다.

몸속에서 어떤 역할을 할까

우리 몸에 탄수화물이 부족하면 근육 등의 단백질이 분해되어 에너지를 냅니다.

　탄수화물은 우리 몸에서 1g당 4kcal의 에너지를 냅니다. 특히 탄수화물은 뇌 기능에 필요한 에너지로 사용되며, 우리 몸에 에너지가 필요할 때 가장 먼저 에너지를 만들어 내므로 피곤할 때 탄수화물을 먹으면 힘이 납니다. 탄수화물은 또 지방이 에너지를 내는 작용을 도와줍니다.

너무 많이 먹으면 어떤 증상이 생길까

부족하면 어떤 증상이 생길까

　우리 몸에서 사용하고 남은 탄수화물은 대부분 지방으로 바뀌어 몸 안에 저장됩니다. 따라서 빵이나 과자 등 탄수화물 식품을 너무 많이 먹으면 뚱뚱해질 수 있습니다.

　뇌는 탄수화물만을 에너지로 사용하는데, 탄수화물은 아주 적은 양만 저장되므로 한 끼라도 굶으면 몸 안에 탄수화물이 부족하여 뇌가 에너지를 잘 얻지 못해 현기증이 나고 집중이 잘 안됩니다.

우유만 먹으면 설사를 해요

젖당을 소화시키지 못하기 때문이야.

　우유를 먹고 배가 아프거나 설사를 한 적이 있나요? 우유에는 젖당이라는 탄수화물이 들어 있는데, 우리 몸에서 젖당을 분해하는 효소가 충분히 만들어지지 않으면 우유를 소화시키지 못해 설사를 하게 된답니다. 이럴 경우 심하지 않다면 우유를 다른 음식과 함께 먹거나, 우유를 따뜻하게 데워 먹고, 또 우유 대신 요구르트를 먹도록 합니다.

당류 sugars

자주 먹으면 충치가 생겨요.

단맛이 나요.

피로 회복에 도움을 줘요.

영양소의 특징

- 단맛이 나는 탄수화물입니다.
- 자주 먹으면 충치가 생기기 쉽습니다.
- 피곤할 때 먹으면 금방 힘이 납니다.
- 많이 먹으면 비만증, 당뇨병 등에 걸릴 수 있습니다.

어떤 식품에 들어 있을까

- 과일류(포도, 사과, 딸기, 망고 등)
- 꿀, 설탕, 사탕, 엿, 초콜릿
- 주스, 음료, 케이크, 아이스크림
- 고구마

어떤 영양소일까

탄수화물 중에서 당이 하나인 단당류와 당이 두 개인 이당류는 단맛이 나는데, 이렇게 단맛이 나는 탄수화물을 당류라고 합니다. 당류는 과일, 고구마 등의 자연식품에도 많지만 설탕, 물엿 등을 넣어 만든 빵이나 과자, 케이크 등 단 음식과 단 음료에도 많이 들어 있습니다.

> 단당류의 종류로는 포도당, 과당, 갈락토스가 있고, 이당류의 종류로는 맥아당, 설탕, 젖당이 있습니다.

몸속에서 어떤 역할을 할까

당류도 탄수화물이기 때문에 우리 몸에서 1g당 4kcal의 에너지를 내며, 사용하고 남은 것은 대부분 지방으로 바뀌어 저장됩니다. 당류는 몸속에 쉽게 흡수되므로 피곤할 때 먹으면 금방 힘이 나 피로 회복에 도움이 됩니다.

너무 많이 먹으면 어떤 증상이 생길까

부족하면 어떤 증상이 생길까

당류를 자주 먹으면 세균이 입안에 남은 당류로 산을 만들어 충치가 생기기 쉽습니다. 또 당류가 많은 식품을 먹으면 에너지 섭취가 많아져 비만증에 걸릴 수 있으며, 몸에서 흡수가 빨라 당뇨병 등 질병에 걸릴 수 있습니다.

우리 몸에 당이 부족하면 뇌가 에너지를 얻지 못해 현기증이 나고 집중이 잘 안 됩니다. 또 쉽게 피곤해질 수 있습니다.

> 뇌 무게는 몸무게의 2.5% 정도밖에 안 되지만 우리가 하루에 사용하는 포도당의 반 이상을 사용합니다.

향 우유나 음료에는 당류가 얼마나 들어 있을까?

단맛을 거의 느끼지 못하는 흰 우유에는 각설탕 2개 정도의 당류가 들어 있습니다. 그러면 단맛이 강한 향 우유나 음료에는 얼마나 많은 당류가 들어 있을까요? 각설탕 개수로 비교하면 바나나맛 우유에는 7개, 요구르트에는 4개, 탄산음료 1캔에는 10개나 들어 있답니다.

식이 섬유 dietary fiber

장운동을 좋게 하여 변비를 예방해요.

몸속의 해로운 물질을 배출시켜요.

영양소의 특징

- 탄수화물의 한 종류입니다
- 우리 몸에서 소화, 흡수되지 못하고 몸 밖으로 배설됩니다.
- 변을 부드럽게 해 주어 변비를 예방합니다.

어떤 식품에 들어 있을까

- 곡류(현미, 보리, 호밀, 옥수수 등)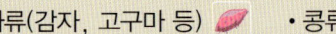
- 감자류(감자, 고구마 등) 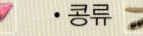 · 콩류
- 채소류(깻잎, 배추 등) · 버섯류
- 해조류(김, 미역 등) · 과일류(사과, 딸기 등)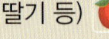

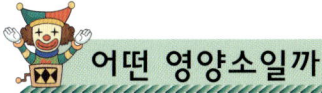

어떤 영양소일까

식이 섬유는 탄수화물의 한 종류입니다. 음식을 통해 섭취한 영양소는 작은창자에서 대부분 소화되고 흡수되는데, 식이 섬유는 작은창자에서 소화, 흡수되지 못하고 그대로 큰창자로 이동하여 몸 밖으로 배설됩니다. 식이 섬유는 물에 녹는 수용성과 물에 녹지 않는 불용성으로 나뉘며, 우리 몸에서 각각 다른 일을 합니다.

몸속에서 어떤 역할을 할까

> 수용성 식이 섬유는 포도당을 천천히 흡수시켜 당뇨병을 예방하고, 당뇨병 환자에게 도움을 줍니다.

채소와 곡류 껍질에 많은 불용성 식이 섬유는 작은창자에서 소화, 흡수되지 않고 큰창자로 이동하여 변 부피를 늘리고 변을 부드럽게 하여 변비를 예방합니다. 또 과일과 콩류에 많은 수용성 식이 섬유는 작은창자에서 영양소들이 천천히 흡수되도록 도와주어 여러 질병을 예방해 줍니다.

너무 많이 먹으면 어떤 증상이 생길까

부족하면 어떤 증상이 생길까

식이 섬유를 너무 많이 먹으면 오히려 건강에 해롭습니다. 식이 섬유를 많이 먹고 물을 충분히 마시지 않으면 변이 딱딱해져 변을 잘 볼 수 없게 되고, 또 무기질과 비타민의 흡수도 잘 되지 않습니다.

식이 섬유가 부족하면 변이 딱딱해져 변을 보기 어려워 변비에 걸리게 됩니다. 변비가 되면 큰창자 속의 나쁜 균들이 몸 밖으로 나가지 못하여 대장암에 걸릴 수 있고, 변이 딱딱하면 항문에 치질이 생길 수도 있습니다.

흰쌀밥보다 현미밥에 식이 섬유가 많아요

> 난 식이 섬유가 부족해.

흰쌀밥이나 흰 빵은 부드럽지만 현미밥이나 통밀빵보다 식이 섬유가 적습니다. 그 이유는, 쌀이나 밀 등 곡류는 껍질에 식이 섬유가 많은데, 흰 쌀과 흰 밀가루는 껍질을 제거한 곡류로 만들어 식이 섬유가 부족하기 때문입니다.

지방(지질) lipid

영양소의 특징
- 에너지를 가장 많이 만듭니다(1g당 9kcal).
- 에너지 저장 영양소입니다.
- 몸을 보호하고, 체온을 조절합니다.
- 많이 먹으면 혈관에 쌓여 질병이 생길 수 있습니다.

어떤 식품에 들어 있을까
- 기름(콩기름, 옥수수기름, 참기름 등)
- 버터, 마가린
- 지방이 많은 고기류(삼겹살 등)
- 튀김류(통닭, 감자튀김 등)

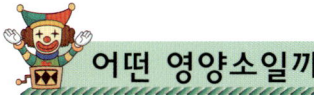
어떤 영양소일까

지방은 3대 영양소 중 에너지를 가장 많이 만들어 냅니다. 우리 몸은 쓰고 남은 에너지를 모두 지방으로 저장하므로 지방은 에너지 저장 영양소라고 할 수 있습니다. 지방은 여러 가지 역할을 하므로 꼭 필요한 영양소이지만 너무 많이 먹으면 오히려 건강을 해치게 됩니다.

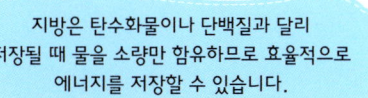
지방은 탄수화물이나 단백질과 달리 저장될 때 물을 소량만 함유하므로 효율적으로 에너지를 저장할 수 있습니다.

몸속에서 어떤 역할을 할까

지방의 가장 중요한 역할은 에너지를 내는 일입니다. 지방은 1 g당 9 kcal의 에너지를 내어 탄수화물이나 단백질보다 두 배 이상의 에너지를 만듭니다. 또 지방은 몸 안에 에너지를 저장하는 일을 하는데, 주로 장기 주변이나 피부 바로 밑에 저장하여 우리 몸의 장기들을 보호하고, 체온을 유지해 줍니다.

너무 많이 먹으면 어떤 증상이 생길까

부족하면 어떤 증상이 생길까

지방을 많이 먹으면 건강에 매우 해롭습니다. 비만해지며, 혈관에 지방이 쌓여 고혈압, 심장병 같은 질병들이 생길 수 있고, 암에 걸리기 쉽습니다. 특히 동물성 지방을 많이 먹으면 더 위험합니다.

지방이 부족한 식사를 계속하면 몸의 조직들이 잘 발달하지 못하고, 비타민과 무기질이 적절히 섭취되지 않아 성장이 잘 안됩니다. 또 면역력이 떨어져 질병에 걸리기 쉽고, 상처 회복도 느려집니다. 오래 지속되면 체중도 감소하게 됩니다.

식품 속에 숨어 있는 지방

식품의 지방은 눈에 잘 보이기도 하지만 식품 속에 숨어 있어 잘 보이지 않기도 합니다. 빵 위의 버터, 식용유, 삼겹살의 지방은 잘 보이지만, 달걀이나 우유, 과자, 케이크, 아이스크림, 튀김 속의 지방은 잘 보이지 않으므로, 지방 섭취를 줄이려면 이런 음식도 지나치게 많이 먹지 않도록 해야 합니다.

지방이 숨어 있으니까 건강을 위해 조금만 먹어야지.

지방산 fatty acid

성장을 도와주는 필수 지방산이지요.

혈액에 콜레스테롤과 지방이 쌓이게 해요.

혈액을 맑게 하여 심장과 혈관의 질병을 예방해요.

불포화

포화

영양소의 특징

- 필수 지방산은 성장과 지능 발달에 필요하고, 면역력을 높여 줍니다.
- 포화 지방산은 혈액에 쌓여 혈관을 딱딱하게 만듭니다.
- 불포화 지방산은 혈액을 맑게 해 줍니다.

어떤 식품에 들어 있을까

- 불포화 지방산: 콩기름, 참기름, 들기름, 생선 기름, 견과류(호두 등)
- 포화 지방산: 버터, 마가린 지방이 많은 고기류(삼겹살, 쇠갈비 등)

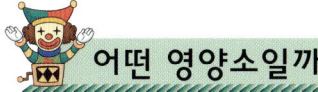
어떤 영양소일까

지방산은 지방을 구성하는 성분으로, 포화 지방산과 불포화 지방산으로 나눌 수 있습니다. 포화 지방산은 버터나 쇠기름 같은 동물성 식품에 주로 들어 있고, 상온에서 고체 상태입니다. 불포화 지방산은 주로 식물성 기름과 생선 기름 등에 많이 들어 있고, 상온에서 액체 상태입니다.

> 오메가 6와 오메가 3 지방산은 4:1의 비율로 균형 있게 섭취해야 건강에 좋습니다.

몸속에서 어떤 역할을 할까

지방산은 1g당 9kcal의 에너지를 냅니다. 지방산 중에는 우리 몸에서 만들지 못하여 식품으로 꼭 먹어야 하는 필수 지방산이 있습니다. 필수 지방산은 모두 불포화 지방산으로, 우리가 잘 성장할 수 있게 하고, 머리도 좋게 해 주며, 면역력도 높여 줍니다. 쓰고 남은 포화 지방산은 혈액에 콜레스테롤과 지방으로 쌓여 혈관을 딱딱하게 만듭니다. 불포화 지방산은 혈액을 맑게 하며, 오메가 3와 오메가 6 등 여러 종류가 있습니다.

너무 많이 먹으면 어떤 증상이 생길까

지방을 많이 먹으면 지방산도 많이 먹게 되어 비만해집니다. 특히 포화 지방산이 많은 동물성 식품을 많이 먹으면 심장병 등 여러 가지 질병에 걸릴 수 있습니다.

부족하면 어떤 증상이 생길까

필수 지방산이 부족하면 성장이 제대로 되지 않으며, 피부병이 생길 수 있습니다. 또 면역 기능이 떨어져 쉽게 병원균에 감염되고, 상처 회복도 느리게 됩니다.

트랜스 지방산이란?

트랜스 지방산은 액체 상태인 식물성 기름에 수소를 넣어 고체 상태로 만드는 과정에서 생기는 지방산입니다. 이 과정을 거쳐 만든 마가린과 쇼트닝은 패스트푸드, 튀김류, 빵류, 과자류와 가공식품 등에 많이 사용됩니다. 트랜스 지방산과 주로 동물성 식품에 많은 포화 지방산은 건강에 나쁜 영향을 주므로 많이 섭취하지 않도록 해야 합니다.

> 트랜스 지방산이 많으니 조금만 먹어야지.

콜레스테롤 cholesterol

몸에 필요한 좋은 콜레스테롤!

혈관에 쌓이면 질병이 생겨요.

HDL

혈액 속 나쁜 콜레스테롤을 없애 줘요.

LDL

건강에 해로운 나쁜 콜레스테롤!

영양소의 특징

- 세포막을 구성하는 중요한 성분입니다.
- 담즙산과 비타민 D를 만듭니다.
- 우리 몸을 조절하는 호르몬을 만듭니다.
- 많이 먹으면 혈관에 쌓여 질병이 생길 수 있습니다.

어떤 식품에 들어 있을까

- 달걀노른자
- 쇠간
- 육류(쇠고기, 돼지고기)
- 오징어, 새우

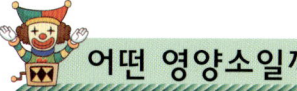
어떤 영양소일까

콜레스테롤은 지방질의 한 종류로, 우리의 생명 유지를 위해 꼭 필요한 성분입니다. 우리 몸에 있는 콜레스테롤 중 2/3는 몸에서 만들어진 것이며, 나머지는 동물성 식품을 통해 섭취한 것입니다. 콜레스테롤은 건강에 이로운 '좋은 콜레스테롤(HDL 콜레스테롤)'과 건강에 해로운 '나쁜 콜레스테롤(LDL 콜레스테롤)'이 있습니다.

몸속에서 어떤 역할을 할까

콜레스테롤은 세포막의 주요 구성 성분이며, 특히 뇌와 신경 세포의 중요한 구성 성분입니다. 콜레스테롤은 지방의 소화를 돕는 담즙산, 비타민 D 및 성호르몬과 우리 몸의 기능을 조절하는 여러 호르몬을 만드는 일을 합니다. 좋은 콜레스테롤(HDL 콜레스테롤)은 혈액에 있는 과잉의 콜레스테롤을 간으로 운반하는 혈관 청소부 역할을 합니다. 반대로 나쁜 콜레스테롤(LDL 콜레스테롤)은 간에서 만들어진 콜레스테롤을 혈관을 통해 우리 몸 전체로 보내는데, 너무 많으면 혈관에 쌓여 질병이 생길 수 있습니다.

너무 많이 먹으면 어떤 증상이 생길까

콜레스테롤은 많이 섭취하면 혈관에 쌓여 혈관이 좁아지고 딱딱해져 동맥 경화와 심장병 같은 질병이 생깁니다.

부족하면 어떤 증상이 생길까

콜레스테롤은 대부분 우리 몸에서 만들어지므로 부족한 경우는 거의 없습니다.

콜레스테롤을 적게 먹으려면?

콜레스테롤은 동물성 식품에만 들어 있습니다. 콜레스테롤의 섭취를 줄이려면 동물성 식품, 특히 콜레스테롤이 많은 달걀과 육류를 적게 먹어야 합니다. 식이 섬유는 콜레스테롤이 우리 몸에 흡수되는 것을 방해하므로 콜레스테롤이 많은 음식을 먹을 때 수용성 식이 섬유가 많은 과일, 김, 미역, 콩 등과 같이 먹으면 좋습니다.

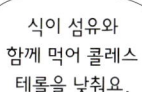

식이 섬유와 함께 먹어 콜레스테롤을 낮춰요.

단백질 protein

어린이 성장에 꼭 필요해요.

세균을 물리치는 항체를 만들어요.

우리 몸을 구성해 줘요.

영양소의 특징

- 우리 몸의 근육, 장기, 뼈, 혈액 등을 만듭니다.
- 여러 기능을 조절하는 효소와 호르몬, 질병과 싸우는 항체를 만듭니다.
- 에너지를 냅니다.

어떤 식품에 들어 있을까

- 육류(쇠고기, 돼지고기, 닭고기 등)
- 생선류(고등어, 갈치, 연어 등)
- 달걀 • 두부
- 콩류(노란콩, 검은콩 등)

어떤 영양소일까

단백질의 영어 이름 'protein'은 '가장 중요한'이라는 뜻입니다. 이름에서 알 수 있듯이, 단백질은 3대 영양소 중 우리 몸에서 하는 일이 가장 많은 중요한 영양소입니다. 단백질은 20가지의 아미노산 수십~수백 개가 결합되어 만들어지므로 종류도 다양합니다.

우리 몸에는 약 40여 가지의 아미노산이 있지만, 그중 절반인 20가지만이 단백질을 만들 수 있습니다.

몸속에서 어떤 역할을 할까

단백질은 근육, 피부, 손톱, 발톱, 뼈, 혈액, 머리카락 등 우리 신체를 구성하는 영양소입니다. 성장기 어린이는 단백질을 충분히 먹어야 쑥쑥 잘 자랄 수 있습니다. 또 단백질은 우리 몸의 여러 기능을 조절하는 효소와 호르몬을 만들며, 몸속 세균과 싸우는 항체도 만들어 질병에 잘 걸리지 않게 해 줍니다. 단백질은 에너지를 내기도 하여 우리 몸에 탄수화물이 부족하면 1g당 4kcal의 에너지를 내어 사용합니다.

너무 많이 먹으면 어떤 증상이 생길까

부족하면 어떤 증상이 생길까

특히 동물성 단백질을 지나치게 많이 먹으면 신장에 부담을 주게 되어 신장 기능이 나빠질 수 있습니다. 또 소변으로 칼슘을 배설시켜 뼈가 약해질 수 있습니다.

단백질이 많이 부족하면 잘 성장하지 못하고, 근육이 약해지며, 피부의 탄력이 없어집니다. 또 빈혈 증상이 자주 나타나고, 면역력이 떨어져 전염병에 걸리기 쉬우며, 설사를 하기도 합니다.

성장기에는 동물성 단백질 섭취가 중요해요

단백질을 구성하는 20가지의 아미노산 중 8~10가지는 우리 몸에서 만들 수 없어 반드시 식품으로 섭취해야 합니다. 이러한 아미노산을 필수 아미노산이라고 하는데, 동물성 단백질에는 식물성 단백질보다 필수 아미노산이 많이 들어 있습니다. 따라서 성장기 어린이는 동물성 단백질을 충분히 섭취해야 쑥쑥 자랄 수 있답니다.

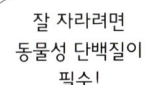

잘 자라려면 동물성 단백질이 필수!

비타민

비타민은 아주 적은 양이 필요하지만, 생명 유지에 꼭 필요한 영양소입니다. 비타민은 영어로 'vitamin'인데, 'vital'은 '생명 유지에 필수적인'이라는 뜻으로, 비타민이 얼마나 중요한 영양소인지 알 수 있습니다. 비타민은 발견된 순서에 따라 A, B, C의 알파벳순으로 이름을 붙였습니다. 비타민은 탄수화물, 지방, 단백질과 달리 에너지를 내지 못하지만 우리 몸의 다양한 생리 작용을 도와줍니다. 비타민은 몸에서 만들지 못하므로 식품을 통해 섭취해야 합니다.

　비타민은 기름에 녹는 지용성 비타민과 물에 녹는 수용성 비타민으로 나눌 수 있습니다. 현재까지 발견된 비타민은 13종인데, 그중 지용성 비타민은 A, D, E, K의 4종이며, 수용성 비타민은 비타민 B_1, 비타민 B_2, 니아신 등의 비타민 B군 8종과 비타민 C가 있습니다. 비타민 B군은 처음에 하나의 물질로 여기다가 후에 여러 가지 유사한 물질로 구성되어 있음이 발견되면서 각각에 번호나 이름을 붙이고, 이를 합하여 비타민 B군 또는 비타민 B 복합체로 부르게 되었습니다.

비타민 A vitamin A

건강한 피부를 만들어요.

어두운 곳에서 잘 볼 수 있게 해요.

면역 기능을 도와 질병을 예방해요.

영양소의 특징
- 어두운 곳에서 잘 볼 수 있게 합니다.
- 피부를 건강하게 유지해 줍니다.
- 우리 몸의 뼈와 장기의 성장을 도와줍니다.
- 면역 기능을 좋게 합니다.

어떤 식품에 들어 있을까
- 생선 간유
- 쇠간
- 달걀노른자
- 과일류(귤 등)
- 녹황색 채소(당근, 단호박, 시금치, 깻잎, 풋고추 등)

어떤 영양소일까

비타민 A는 어두운 곳에서 잘 볼 수 있게 하고, 건강한 피부를 유지하는 데 매우 중요한 영양소입니다. 비타민 A는 동물성 식품에 들어 있습니다. 식물성 식품은 녹황색 채소와 과일에 들어 있는 베타카로틴이 몸속에서 비타민 A로 바뀌어 이용됩니다. 비타민 A는 지용성이므로 기름과 같이 먹으면 흡수가 더 잘 됩니다.

몸속에서 어떤 역할을 할까

> 당근은 베타카로틴이 많이 들어 있는 채소로, 자주 섭취하는 것이 좋습니다.

어두운 곳에 들어가면 처음에는 잘 보이지 않다가 조금 지나면 보이기 시작하지요? 이렇게 어두운 곳에서 잘 볼 수 있는 것은 비타민 A 덕분입니다. 또 비타민 A는 우리 몸의 뼈와 장기의 성장을 도와주고, 건강한 피부를 만들어 주며, 병원균에 대한 저항력을 높여 면역 기능을 좋게 합니다.

너무 많이 먹으면 어떤 증상이 생길까

비타민 A를 너무 많이 먹으면 오히려 건강에 좋지 않습니다. 머리가 아프고, 현기증이 나며, 피부가 건조해져 가려움증이 생깁니다. 그리고 오랫동안 많이 먹으면 간이 손상됩니다.

부족하면 어떤 증상이 생길까

비타민 A가 부족하면 어두운 곳에서 잘 볼 수 없는 야맹증이 생깁니다. 또 눈이 건조해지며, 피부가 거칠어지고, 빈혈이 생기며, 면역력이 떨어져 질병에 걸리기 쉽습니다.

비타민 A가 주름 예방 화장품에?

비타민 A는 피부가 건조하지 않고 촉촉하도록 도와줍니다. 비타민 A가 부족하면 피부는 수분이 부족하여 건조해지고 거칠어져 주름이 생기게 됩니다. 이러한 이유로 주름 예방과 개선 화장품에는 비타민 A를 사용한답니다.

> 듬뿍 발라 주름을 방지해요.

비타민 D vitamin D

> 면역력을 길러 질병을 예방해요.

> 뼈와 치아를 튼튼하게 해요.

> 햇볕을 충분히 쬐어야 잘 성장할 수 있어요.

영양소의 특징

- 뼈와 치아를 튼튼하게 합니다.
- 햇볕을 충분히 쬐면 피부에서 만들어집니다.
- 칼슘의 흡수를 돕습니다.
- 면역 기능을 도와 질병을 예방합니다.

어떤 식품에 들어 있을까

- 생선 간유
- 등 푸른 생선(연어, 고등어, 정어리, 참치 등)
- 달걀, 치즈
- 버섯류(표고버섯, 목이버섯 등)

어떤 영양소일까

비타민 D는 칼슘과 함께 뼈와 치아를 튼튼하게 합니다. 비타민 D는 다른 비타민들과 달리 햇볕을 충분히 쬐면 피부에서 하루에 필요한 양의 90 %가 만들어집니다. 그러므로 성장기 어린이들은 햇볕을 충분히 쬐어 건강하게 성장할 수 있도록 합니다.

몸속에서 어떤 역할을 할까

> 운동을 많이 하면 뼈의 밀도가 커져서 뼈를 단단하게 하는 데 도움이 됩니다.

비타민 D는 우리 몸에 칼슘이 잘 흡수되도록 도와주며, 신장에서 칼슘이 빠져나가는 것을 막아 줍니다. 몸 안에 남은 칼슘은 뼈나 치아를 만들거나 뼈를 튼튼히 하는 데 이용됩니다. 또 비타민 D는 면역 기능을 도와 암과 여러 질병을 예방하는 효과가 있습니다.

너무 많이 먹으면 어떤 증상이 생길까

비타민 D는 음식을 통해서는 많이 먹어서 문제가 생기지 않습니다. 그러나 비타민 D 보충제를 많이 먹으면 혈액과 소변에 칼슘이 많아져 몸의 조직에 칼슘이 쌓이게 되어 신장 결석이 생기거나 심장에 문제가 생길 수 있습니다.

부족하면 어떤 증상이 생길까

비타민 D가 부족하면 몸에 칼슘도 부족해져서 어린이들은 뼈가 잘 자라지 못하거나 약해지고, 척추나 다리가 구부러지는 구루병에 걸릴 수 있습니다. 어른의 경우에는 골다공증에 걸릴 수 있습니다.

현대인에게 꼭 필요한 비타민 D

우리 몸에서 비타민 D를 만들려면 햇볕의 자외선이 필요합니다. 현대인들은 많은 시간을 실내에서 생활하고 외출 시 자외선 차단제를 바르는 일이 많아 햇볕을 쬐는 양이 적어 몸속에서 합성되는 비타민 D 양만으로는 부족하기 쉽습니다. 따라서 햇볕을 충분히 쬐고 비타민 D가 풍부한 식품을 섭취하여 비타민 D를 보충해 주어야 합니다.

> 비타민 D를 만들어 줄게.

비타민 E vitamin E

> 항산화 작용을 해요.

> 세포막의 산화를 막아 암을 예방해요.

노화 방지를 도와줘요.

영양소의 특징
- 세포막의 산화를 막는 항산화 작용을 합니다.
- 세포가 정상적인 기능을 하게 합니다.
- 노화를 방지하고, 암 등 질병을 예방합니다.

어떤 식품에 들어 있을까
- 식물성 기름(콩기름, 참기름, 옥수수기름 등)
- 땅콩
- 견과류(아몬드, 호두 등)
- 아보카도

어떤 영양소일까

비타민 E는 세포막을 건강하게 유지하는 중요한 영양소이며, 토코페롤이라고도 합니다. 콩기름 등의 식물성 기름과 견과류에 많이 들어 있으며, 동물성 식품에는 거의 들어 있지 않습니다. 비타민 E는 빛과 산소에 약하여 조리하거나 저장할 때 손실되기 쉽습니다.

> 우리 몸 세포에 손상을 입히는 활성 산소를 없애 주는 것을 항산화라고 합니다.

몸속에서 어떤 역할을 할까

우리 몸에서 에너지를 만들려면 산소가 필요합니다. 그러나 우리 몸에 들어온 산소 중 일부는 활성 산소가 되어 오히려 세포를 늙게 하거나 변하게 만듭니다. 비타민 E는 이러한 산화를 막아 주는 항산화 작용을 하는 영양소로, 세포막의 산화를 막아 세포가 정상적인 기능을 하게 하여 노화를 늦추고, 암 등 질병을 예방합니다.

너무 많이 먹으면 어떤 증상이 생길까

비타민 E를 보충제 등으로 많이 먹으면 비타민 K의 혈액 응고 작용을 방해하여 혈액 응고가 늦어지거나 출혈이 심해질 수 있으며, 위장병이 생길 수 있습니다.

부족하면 어떤 증상이 생길까

비타민 E는 일상 식사로 충분히 섭취할 수 있어 결핍증이 거의 나타나지 않습니다. 그러나 오랫동안 비타민 E가 부족하면 어린 아기의 경우 적혈구막이 약해져 빈혈이 생길 수 있습니다.

항산화 영양소는 어떤 종류가 있을까?

항산화 작용을 하는 영양소에는 비타민 A, 비타민 C, 비타민 E, 셀레늄, 구리 등이 있습니다. 항산화 영양소는 세포 속의 지방, 단백질, DNA 등의 산화를 막아 암, 심혈관계 질환, 당뇨병 등을 예방하며, 노화를 방지합니다. 이들 항산화 영양소를 충분히 섭취하려면 여러 가지 식품을 골고루 먹어야 합니다.

> 질병과 노화로부터 몸을 지켜요.

비타민 K vitamin K

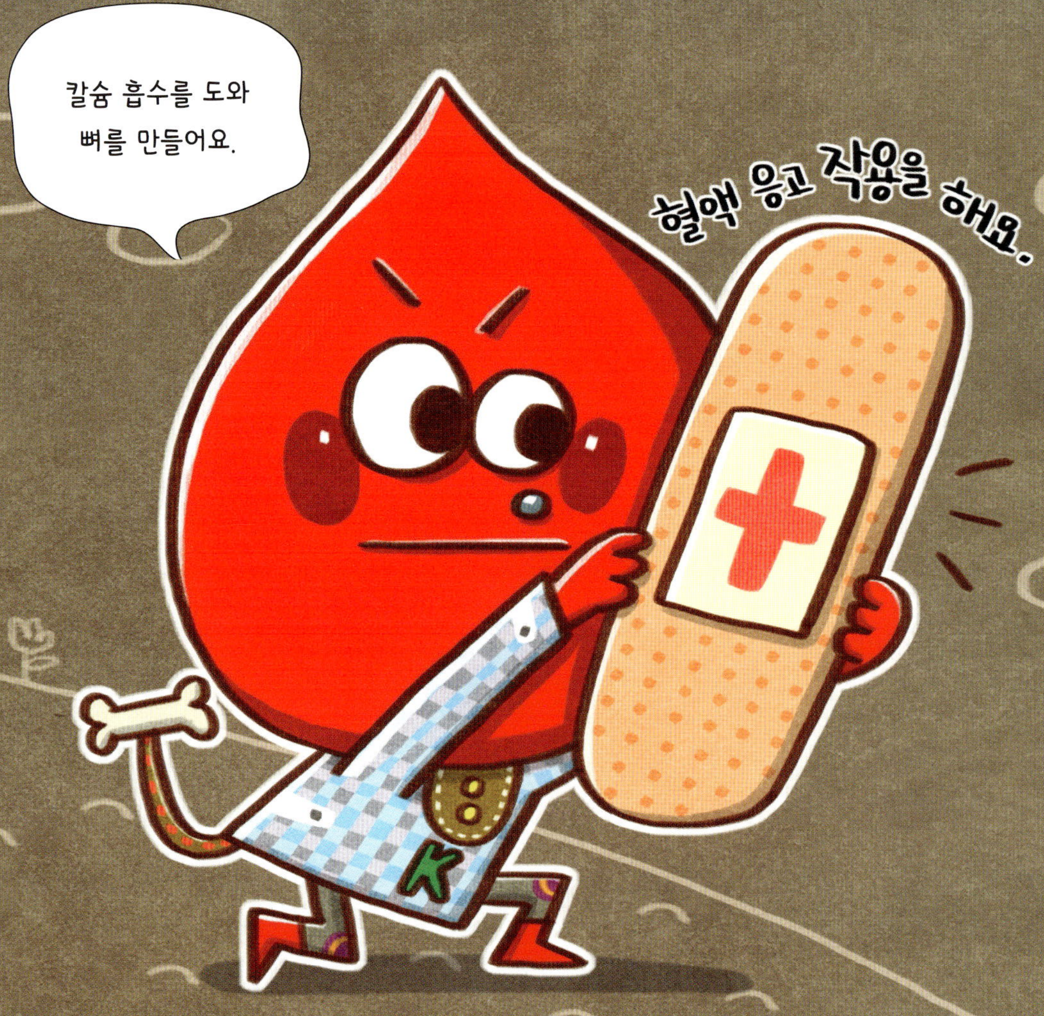

> 칼슘 흡수를 도와 뼈를 만들어요.

> 혈액 응고 작용을 해요.

영양소의 특징
- 혈액 응고 작용을 합니다.
- 칼슘 흡수를 도와줍니다.
- 칼슘이 뼈를 만들고 발달시키는 것을 도와줍니다.
- 장내 세균에 의해 만들어집니다.

어떤 식품에 들어 있을까
- 녹색 채소(시금치, 무청, 쑥갓, 미나리 등)
- 해조류(김 등)
- 녹차
- 콩류(강낭콩 등)

어떤 영양소일까

비타민 K는 혈액 응고에 반드시 필요하며, 뼈 건강을 도와주는 영양소입니다. 여러 식품에 들어 있는데, 특히 녹색 채소에 많습니다. 비타민 K는 큰창자 안의 세균에 의해 만들어지며, 우리 몸은 그것을 흡수하여 이용할 수 있습니다.

몸속에서 어떤 역할을 할까

> 비타민 K는 '응고'라는 뜻의 덴마크어 'Koagulation'의 'K'자를 따왔습니다.

우리 몸에 상처가 생겨 피가 날 때, 피가 빨리 멈추지 않으면 어떻게 될까요? 많은 피가 나와 매우 위험하겠지요? 비타민 K는 이렇게 피가 날 때 피를 빨리 멈출 수 있도록 혈액을 응고시키는 일을 합니다. 또 칼슘 흡수를 돕고 칼슘이 뼈를 만들고 발달시키는 것을 도와주므로 뼈 성장과 건강에 중요한 영양소입니다.

너무 많이 먹으면 어떤 증상이 생길까

비타민 K는 지용성이지만 다른 지용성 비타민과 달리 몸속에 쌓이지 않고 빠르게 배설되므로 많이 먹어도 독성이 잘 나타나지 않습니다.

부족하면 어떤 증상이 생길까

비타민 K는 여러 식품에 들어 있고, 장에서도 만들어지므로 거의 결핍증이 나타나지 않습니다. 그러나 만약 부족하면 혈액이 잘 응고되지 않으며, 피가 쉽게 멎지 않아 지혈하는 데 오래 걸립니다.

비타민 K 결핍증과 혈우병은 어떻게 다를까?

비타민 K 결핍증과 혈우병은 모두 상처로 피가 날 때 혈액 응고가 잘 되지 않아 지혈이 늦어지는 증상이 나타납니다. 비타민 K 결핍증은 비타민 K를 섭취하면 증상이 나아지지만, 혈우병은 유전적으로 혈액 응고 인자가 부족하여 발생하므로 증상이 나아지지 않습니다.

> 지혈하는 데 오래 걸리고 잘 낫지 않아.

비타민 B₁ vitamin B₁

> 신경과 근육 활동에 필요해요.

↑ 탄수화물

탄수화물이 에너지 만드는 걸 도와줘요.

영양소의 특징

- 에너지 영양소가 에너지를 만드는 걸 도와줍니다.
- 탄수화물이 에너지를 만드는 데 특히 필요합니다.
- 신경과 근육 활동에 필요합니다.

어떤 식품에 들어 있을까

- 돼지고기
- 콩류(메주콩, 팥, 완두콩 등)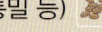
- 통곡류(현미, 통밀 등)
- 해바라기씨
- 굴
- 감자류

어떤 영양소일까

비타민 B_1은 우리 몸에서 에너지 영양소가 우리가 활동하는 데 필요한 에너지를 만들 때 도와주는 영양소이며, 티아민이라고도 합니다. 비타민 B_1은 몸속에 적은 양만 저장되므로 매일매일 적절히 섭취해야 합니다.

몸속에서 어떤 역할을 할까

비타민 B군은 비타민 B 복합체라고도 하며, 비타민 B_1, 비타민 B_2, 니아신, 비타민 B_6, 폴산, 비타민 B_{12}, 판토텐산, 바이오틴이 있습니다.

비타민 B_1은 탄수화물, 단백질, 지방이 우리가 활동하는 데 필요한 에너지 만드는 일을 도와주며, 특히 탄수화물이 에너지를 만들 때 반드시 필요합니다. 따라서 탄수화물을 많이 먹으면 비타민 B_1 필요량이 증가합니다. 비타민 B_1은 또한 신경과 근육 활동에 필요하며, 피로를 예방하고 풀어 줍니다.

너무 많이 먹으면 어떤 증상이 생길까

부족하면 어떤 증상이 생길까

일상적인 식사로는 비타민 B_1을 너무 많이 먹어서 문제가 되는 일은 없습니다. 그러나 보충제 등으로 너무 많이 먹으면 구토, 메스꺼움, 현기증 등이 나타날 수 있습니다.

흰 쌀밥만 주로 먹을 경우 부족할 수 있습니다. 비타민 B_1이 부족하면 식욕이 없고, 몸무게가 줄며, 기운이 없어지며, 더 부족하면 각기병이 생겨 심하면 생명이 위험할 수도 있습니다.

쌀밥에는 쇠고기보다 돼지고기를 먹어요

우리나라는 쌀을 주식으로 합니다. 쌀은 주된 성분이 탄수화물이며, 탄수화물이 몸속에서 에너지를 만들려면 특히 비타민 B_1이 필요합니다. 그런데 비타민 B_1은 쇠고기보다 돼지고기에 많이 들어 있기 때문에 쌀밥을 먹을 때 쌀의 탄수화물을 완전히 이용하기 위해서는 돼지고기를 먹는 것이 더 좋겠지요.

내가 더 비타민 B_1이 풍부해.

비타민 B₂ vitamin B₂

영양소의 특징
- 에너지 영양소가 에너지 만드는 걸 도와줍니다.
- 머리카락과 피부를 건강하게 유지합니다.
- 입과 혀의 염증을 예방합니다.
- 눈의 피로를 풀어 줍니다.

어떤 식품에 들어 있을까
- 동물의 간(쇠간, 돼지간)
- 돼지고기
- 우유, 유제품(요구르트 등)
- 달걀
- 생선(고등어 등)
- 녹색 채소(시금치, 깻잎 등)
- 콩류

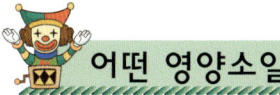
어떤 영양소일까

비타민 B_2는 우리 몸에서 에너지 영양소가 에너지를 만들어 내는 데 필요하며, 리보플라빈(riboflavin)이라고도 합니다. '리보플라빈'은 비타민 B_2가 띠고 있는 노란색을 뜻하는 라틴어 'flavus'에서 따왔습니다. 비타민 B_2는 열에 안정하지만 자외선과 광선에 약하므로 불투명한 용기에 보관하여야 합니다.

성장기 어린이는 어른보다 리보플라빈이 더 많이 필요하므로 우유, 요구르트 등 리보플라빈이 들어 있는 음식을 잘 챙겨 먹어야 합니다.

몸속에서 어떤 역할을 할까

비타민 B_2는 탄수화물, 단백질, 지방 등 에너지 영양소가 우리가 활동하는 데 필요한 에너지를 만드는 걸 도와줍니다. 또 피부와 밀접한 관련이 있어 손톱, 발톱, 머리카락과 피부를 건강하게 유지하고, 눈의 피로를 풀어 주며, 입과 혀의 염증을 예방하는 일을 합니다.

너무 많이 먹으면 어떤 증상이 생길까

부족하면 어떤 증상이 생길까

일상적인 식사로는 비타민 B_2를 너무 많이 먹어서 문제가 되는 일은 없습니다. 그러나 비타민 B_2 보충제를 너무 많이 먹으면 노란색 소변을 보게 됩니다.

비타민 B_2가 부족하면 입과 혀에 염증이 생기고(구순 구각염, 설염), 눈과 피부가 건조해지며, 햇빛을 보면 눈이 너무 부시는 증상이 나타납니다. 또 빈혈이 생길 수 있습니다.

구순 구각염과 설염이 생겼다면?

구순 구각염은 입 가장자리와 입안이 헐고 염증이 생기거나 입가가 갈라지는 증상이며, 설염은 혀에 염증이 생기는 증상입니다. 이러한 증상은 비타민 B_2뿐만 아니라 비타민 B군에 속하는 다른 영양소들이 동시에 결핍되었을 때 나타납니다. 비타민 B군 식품들을 잘 챙겨 먹어야 예방할 수 있습니다.

아야~. 비타민 B_2가 부족해.

니아신 niacin

영양소의 특징

- 에너지 영양소가 에너지 만드는 걸 도와줍니다.
- 지방산이나 콜레스테롤을 만들 때 필요합니다.
- 피부염 등의 염증을 예방합니다.
- 몸속에서 필수 아미노산으로 만들어집니다.

어떤 식품에 들어 있을까

- 쇠간
- 생선(고등어 등)
- 콩류(땅콩)
- 쇠고기, 돼지고기

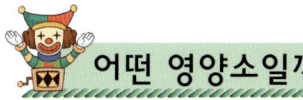
어떤 영양소일까

니아신은 비타민 B군에 속하며, 비타민 B_1·비타민 B_2와 함께 우리 몸에서 에너지를 만드는 데 필요합니다. 다른 비타민들과 달리 몸속에서 트립토판이라는 필수 아미노산으로 만들어질 수 있으며, 열에 매우 안정하여 조리할 때 거의 손실되지 않습니다.

몸속에서 어떤 역할을 할까

필수 아미노산인 트립토판 60mg으로 니아신 1mg을 만들 수 있으며, 이때 비타민 B_2, 비타민 B_6, 철 등의 도움이 필요합니다.

니아신은 우리 몸에서 일어나는 여러 가지 일을 도와줍니다. 특히 탄수화물, 지방, 단백질이 에너지를 만들 때 필요하며, 지방산이나 콜레스테롤을 만들 때에도 필요합니다. 또 니아신은 피부염 등의 염증을 예방하고 피부를 매끄럽게 하며, 혈액 순환이 잘 되게 하고, 성장 촉진과 식욕 향상 등에도 도움을 줍니다.

너무 많이 먹으면 어떤 증상이 생길까

부족하면 어떤 증상이 생길까

니아신을 많이 먹으면 처음에는 얼굴이 빨갛게 달아오르고 가려움증과 메스꺼움이 나타납니다. 오랫동안 많이 먹으면 간 기능이 나빠지며, 혈액 속에 당이 많아지므로 주의해야 합니다.

니아신이 부족하면 식욕이 떨어지고, 구토, 설사, 피부 염증이 생깁니다. 더 심하게 부족하면 피부염, 설사, 정신 이상의 증상을 보이는 '펠라그라'라는 결핍증에 걸리며, 치료하지 못하면 죽게 됩니다.

옥수수를 주식으로 하면 '펠라그라' 병에 걸리기 쉬워요

옥수수의 니아신은 단백질과 단단히 결합되어 있어 잘 분해되지 않아 우리 몸에 잘 흡수되지 않습니다. 또 옥수수는 필수 아미노산이 적게 들어 있어 몸속에서 니아신을 잘 만들지 못합니다. 따라서 쌀보다 옥수수를 주식으로 할 경우 니아신 결핍증인 '펠라그라' 병에 걸리기 쉽습니다.

펠라그라 병은 옥수수만 주식으로 하는 사람들이 잘 걸려요.

비타민 B$_6$ vitamin B$_6$

적혈구를 만들고, 성장기 어린이에게 꼭 필요해요.

단백질이 에너지 만드는 걸 도와줘요.

단백질

영양소의 특징

- 우리 몸에서 단백질을 만들 때 꼭 필요합니다.
- 단백질이 분해되어 에너지 만드는 걸 도와줍니다.
- 적혈구를 만들 때 꼭 필요합니다.
- 장내 세균에 의해 만들어집니다.

어떤 식품에 들어 있을까

- 동물의 간(쇠간, 닭간)
- 육류(쇠고기, 돼지고기, 닭고기 등)
- 생선(연어 등)
- 달걀
- 통곡류(현미, 통밀 등)
- 콩류

어떤 영양소일까

비타민 B$_6$는 우리 몸에서 단백질을 만들고 분해하는 데 필요합니다. 다른 비타민과 달리 수용성이지만 몸속에 많이 저장되어 있으며, 장내 세균에 의해 만들어집니다. 육류 특히 간 등의 동물성 식품에 많고, 녹색 채소 등의 식물성 식품에도 들어 있지만 동물성 식품보다 흡수가 잘 안됩니다.

몸속에서 어떤 역할을 할까

단백질을 만들려면 20가지의 아미노산이 모두 필요합니다. 그중 불필수 아미노산은 다른 아미노산으로부터 만들어지는데, 이때 비타민 B$_6$가 필요합니다.

우리가 고기, 달걀, 생선, 콩 등을 통해 섭취한 단백질은 몸에 필요한 새로운 아미노산을 만들거나 분해되어 에너지를 만드는 데 이용되는데, 이때 비타민 B$_6$의 도움이 꼭 필요합니다. 따라서 단백질을 많이 섭취해야 하는 성장기 어린이에게 매우 중요한 비타민입니다. 또 비타민 B$_6$는 혈액의 구성 성분인 적혈구를 만들 때에도 꼭 필요합니다.

너무 많이 먹으면 어떤 증상이 생길까

부족하면 어떤 증상이 생길까

일상적인 식사로 비타민 B$_6$를 너무 많이 먹어서 문제가 되는 경우는 거의 없습니다. 그러나 비타민 B$_6$ 보충제 등을 오랫동안 계속 많이 먹으면 감각에 문제가 생기고, 걷기가 힘들어집니다.

비타민 B$_6$ 결핍증은 잘 나타나지 않습니다. 만약 비타민 B$_6$가 부족하면 메스껍고 구토가 나며, 빈혈, 구각염, 피부염이 생깁니다. 심한 경우 성장이 잘 안됩니다.

비타민 B$_6$로 멀미약을 만들어요

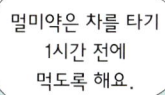

멀미약은 차를 타기 1시간 전에 먹도록 해요.

비타민 B$_6$는 임신 초기의 입덧, 멀미 등으로 인한 구토나 메스꺼움을 완화시키고 치료하는 데 효과가 있습니다. 따라서 멀미약에 비타민 B$_6$를 넣어 만드는 경우가 많습니다. 멀미약은 차나 배를 타기 30분에서 1시간 전에 마시며, 추가로 더 마셔야 할 때에는 4시간 이상 간격을 두는 것이 좋습니다.

폴산 folic acid

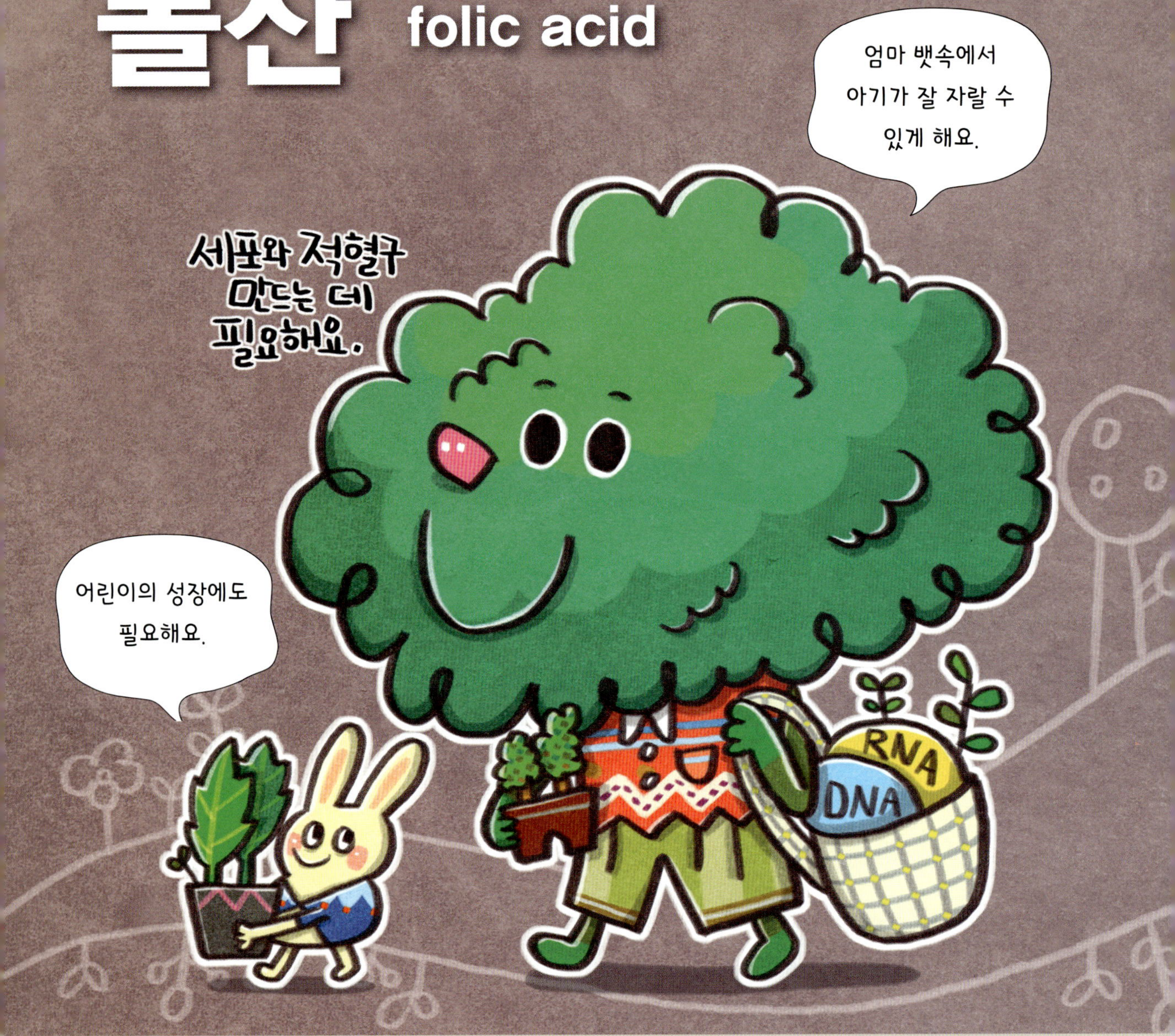
엄마 뱃속에서
아기가 잘 자랄 수
있게 해요.
세포와 적혈구
만드는 데
필요해요.
어린이의 성장에도
필요해요.
RNA
DNA

영양소의 특징

- 새로운 세포를 만드는 데 필요합니다.
- 적혈구 만드는 걸 도와줍니다.
- 가열하면 손실되기 쉽습니다.

어떤 식품에 들어 있을까

- 간(쇠간, 돼지간)
- 달걀
- 콩류(검은콩, 강낭콩, 땅콩 등)
- 녹색 채소(시금치, 브로콜리 등)
- 과일류(바나나, 딸기, 참외 등)

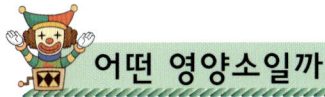
어떤 영양소일까

폴산은 녹색 채소에 많이 들어 있어 '잎'을 뜻하는 라틴어 'folium'에서 유래된 이름입니다. 폴산은 새로운 세포와 혈액을 만드는 데 필요한 비타민입니다. 가열하면 손실되기 쉬우므로, 가열하지 않은 채소나 과일, 또는 살짝 가열한 음식으로 먹는 것이 좋습니다.

우리나라에서는 폴산을 엽산이라고 부르기도 합니다.

몸속에서 어떤 역할을 할까

우리 몸에서 세포가 분열하려면 핵산이 필요합니다. 핵산에는 DNA와 RNA 두 종류가 있는데, 이 핵산을 만드는 데 폴산이 꼭 필요합니다. 임신한 엄마는 세포를 많이 만들어야 하므로 폴산을 충분히 먹어야 합니다. 성장기 어린이들도 충분히 먹어야겠지요. 폴산은 또 비타민 B_{12}와 함께 혈액의 구성 성분인 적혈구를 만들 때에도 필요하므로 부족하면 빈혈이 생깁니다.

너무 많이 먹으면 어떤 증상이 생길까

부족하면 어떤 증상이 생길까

음식을 통해 폴산을 너무 많이 먹는 일은 없습니다. 그러나 비타민 B_{12}가 부족한 상태에서 폴산을 너무 많이 먹으면 신경 손상을 악화할 수 있습니다.

폴산이 부족하면 적혈구가 제 기능을 하지 못하여 빈혈이 생깁니다. 특히 임신부가 폴산이 부족하면 아기의 성장이 잘 이루어지지 않습니다.

우리나라 사람들이 결핍되기 쉬운 비타민, 폴산

폴산은 여러 식품에 다양하게 들어 있지만 삶고 끓이거나 저장 음식을 즐겨 먹는 우리나라 사람들이 가장 결핍되기 쉬운 영양소 중 하나입니다. 그 이유는, 식품 중의 폴산은 매우 불안정하여 쉽게 손실되기 때문입니다. 폴산은 빛과 열에 약하여 식품을 저장하거나 조리하는 과정에서 많이 손실되므로 생으로 섭취하는 것이 도움이 됩니다.

조리하면 폴산이 파괴됩니다.

비타민 B₁₂ vitamin B₁₂

신경 세포가 하는 일을 도와줘요.

세포와 적혈구 만드는 데 필요해요.

영양소의 특징

- 새로운 세포를 만드는 데 필요합니다.
- 적혈구를 만드는 데 필요합니다.
- 신경 세포가 하는 일을 도와줍니다.
- 필수 아미노산을 만드는 데 필요합니다.

어떤 식품에 들어 있을까

- 동물의 간(쇠간, 돼지간) • 쇠고기
- 생선류(꽁치, 고등어 등)
- 조개류(바지락 등) • 굴
- 우유, 유제품 • 달걀

어떤 영양소일까

비타민 B_{12}는 무기질인 코발트가 들어 있는 빨간색의 수용성 비타민으로, 폴산과 함께 적혈구를 만드는 데 필요합니다. 비타민 B_{12}는 동물성 식품에만 들어 있으므로 식물성 식품만 섭취하는 사람은 부족할 수 있습니다. 비타민 B_{12}는 큰창자 안의 세균에 의해 만들어져 몸속에 흡수되어 이용됩니다.

몸속에서 어떤 역할을 할까

우리 몸에서 세포가 분열되고 성장하려면 폴산과 함께 비타민 B_{12}가 있어야 합니다. 이 두 가지 비타민이 모두 있어야 세포 분열이 제대로 일어나고, 정상적인 적혈구가 만들어집니다. 비타민 B_{12}는 또한 메싸이오닌이라는 필수 아미노산을 만들고, 신경 세포가 일을 하는 데에도 필요합니다.

> 비타민 B_{12}는 뇌 노화 방지 효과가 있어 고령자들이 반드시 섭취해야 한다고 합니다.

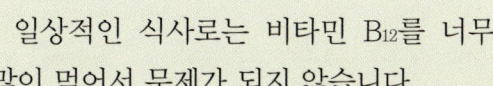

 너무 많이 먹으면 어떤 증상이 생길까

일상적인 식사로는 비타민 B_{12}를 너무 많이 먹어서 문제가 되지 않습니다.

 부족하면 어떤 증상이 생길까

비타민 B_{12}는 장내 세균에 의해 만들어지므로 일상적인 식사로는 거의 부족하지 않습니다. 그러나 채식만 하거나 흡수에 문제가 있는 사람에게는 결핍증인 악성 빈혈이 나타날 수 있습니다.

악성 빈혈은 왜 일어날까?

비타민 B_{12}가 몸에 흡수되려면 위에서 만든 단백질이 필요합니다. 태어날 때부터 이 단백질을 잘 만들지 못하는 사람은 비타민 B_{12}를 잘 흡수하지 못해 비타민 B_{12} 결핍증인 악성 빈혈이 생깁니다. 악성 빈혈이 생기면 빈혈뿐 아니라 식욕이 떨어지고, 기운이 없으며, 팔다리가 마비되고, 기억력이 줄어들며, 심하면 사망합니다.

> 비타민 B_{12}를 흡수하지 못해~.

판토텐산 pantothenic acid

에너지를 만들 때 필요해요.

스트레스 해소를 도와줘요.

영양소의 특징

- 우리 몸에서 에너지를 만들 때 도와줍니다.
- 지방산과 콜레스테롤을 만들 때 필요합니다.
- 스트레스를 풀어 주는 호르몬이 분비되게 합니다.

어떤 식품에 들어 있을까

- 육류(쇠고기, 돼지고기 등)
- 달걀
- 통곡류(현미, 통밀 등)
- 콩류(땅콩 등)

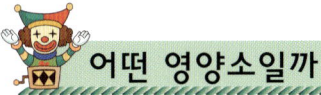
어떤 영양소일까

판토텐산은 그리스어의 '어디에나'라는 뜻의 '판토스(Pantos)'에서 유래된 이름으로, 비타민 B군에 속하는 수용성 비타민입니다. 다른 비타민 B군과 마찬가지로 에너지 영양소들이 에너지를 만들 때 도와줍니다. 동물성 식품과 식물성 식품 어디에나 들어 있으며, 조리를 하거나 가공하는 과정에서 손실되며 흡수율도 줄어듭니다.

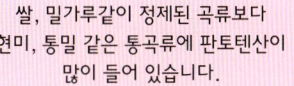

쌀, 밀가루같이 정제된 곡류보다 현미, 통밀 같은 통곡류에 판토텐산이 많이 들어 있습니다.

몸속에서 어떤 역할을 할까

판토텐산은 탄수화물, 단백질, 지방이 분해되어 에너지를 만들 때 필요하며, 지방산과 콜레스테롤을 만들 때에도 필요합니다. 판토텐산은 또한 스트레스를 풀어 주는 호르몬의 분비를 도와주는 일을 하여 '항스트레스 비타민'이라고도 합니다.

너무 많이 먹으면 어떤 증상이 생길까

부족하면 어떤 증상이 생길까

판토텐산은 우리 몸에서 이용하고 남으면 소변으로 배설되므로, 일상적인 식사로는 많이 먹어서 문제되는 일은 거의 없습니다.

판토텐산은 여러 식품에 들어 있고 장내 세균에 의해 만들어지므로 일상적인 식사로는 거의 부족하지 않습니다. 그러나 심한 영양 결핍일 때는 피로감, 두통, 소화기 장애 등이 나타날 수 있습니다.

장 속에 있는 세균이 비타민을 만들어요

우리 몸은 비타민 D를 제외하고는 몸속에서 비타민을 만들지 못하지만, 장내 세균은 몇 가지 비타민을 만들어 몸속에서 흡수하여 이용할 수 있도록 해 줍니다. 장내 세균이 만들 수 있는 비타민은 비타민 K, 폴산, 비타민 B_{12}, 판토텐산, 바이오틴 등이 있습니다.

비타민을 만드는 고마운 세균이야.

바이오틴 biotin

> 병원균과 싸우는 항체를 만들어요.

건강한 피부와 머리카락을 만들어요.

영양소의 특징
- 탄수화물과 지방산을 만드는 데 필요합니다.
- 튼튼한 피부와 손발톱, 머리카락을 만듭니다.
- 병원균과 싸우는 항체를 만드는 데 필요합니다.

어떤 식품에 들어 있을까
- 동물의 간
- 닭고기
- 우유, 유제품
- 견과류
- 달걀노른자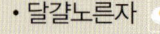
- 녹색 채소

어떤 영양소일까

바이오틴은 비타민 B군에 속하는 수용성 비타민으로, 에너지 영양소가 몸속에서 분해되고 합성되는 데 필요합니다. 바이오틴은 사람에게는 결핍증이 잘 나타나지 않으나, 만약 결핍되면 탈모나 피부염이 생기므로 항피부염 인자라고도 하며, 독일어로 피부를 뜻하는 'Haut'의 머리글자를 붙여 비타민 H라고도 합니다.

몸속에서 어떤 역할을 할까

바이오틴은 젊음과 아름다움을 유지하는 '아름다운 비타민'이라고도 합니다.

바이오틴은 탄수화물과 지방산을 만드는 데 필요합니다. 또 바이오틴은 피부와 머리카락에 좋은 영향을 미쳐 생기 있는 피부와 손발톱, 윤기 있는 머리카락을 만들고 탈모를 예방해 줍니다. 이 밖에도 우리 몸에 병원균이 들어왔을 때 싸울 수 있는 항체를 만드는 데에도 필요합니다.

너무 많이 먹으면 어떤 증상이 생길까

부족하면 어떤 증상이 생길까

바이오틴은 우리 몸에서 이용하고 남으면 소변으로 배설되므로, 일상적인 식사로는 많이 먹어서 문제되는 일은 거의 없습니다.

바이오틴은 장내 세균에 의해 만들어지므로 부족한 경우가 거의 없습니다. 그러나 부족하게 되면 피부가 벗겨지고, 머리카락이 빠지며, 구토, 메스꺼움과 우울증이 나타날 수 있습니다.

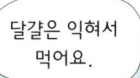
달걀은 익혀서 먹어요.

날달걀에 바이오틴의 흡수를 방해하는 물질이 있어요

날달걀을 먹으면 우리 몸에 바이오틴의 흡수가 잘 되지 않습니다. 날달걀의 흰자에는 바이오틴의 흡수를 방해하는 '아비딘'이라는 물질이 있기 때문입니다. 그러나 '아비딘'은 단백질이므로 날달걀을 익혀 먹으면 제 기능을 하지 못합니다. 또 날달걀에 들어 있는 양이 적어 하루 몇 개 정도 먹는 것은 괜찮습니다.

비타민 C vitamin C

노화를 방지하고 면역력을 길러 줘요.

콜라젠을 만드는 데 꼭 필요해요.

영양소의 특징

- 몸의 조직을 단단히 연결해 주는 콜라젠을 만드는 데 꼭 필요합니다.
- 항산화 작용을 도와주고, 노화를 방지합니다.
- 칼슘과 철이 몸에 잘 흡수되게 합니다.

어떤 식품에 들어 있을까

- 과일류(딸기, 귤, 오렌지, 단감 등)
- 녹색 채소(시금치, 풋고추, 브로콜리 등)
- 감자류(고구마, 감자 등)

어떤 영양소일까

비타민 C는 수용성 비타민으로, 채소와 과일에 많이 들어 있습니다. 비타민 C는 항산화 영양소이며, 피부나 혈관 등 몸의 조직을 단단하게 연결해 줍니다. 대부분의 동물과 달리 사람, 원숭이, 조류 등은 몸속에서 비타민 C를 만들지 못하므로 반드시 식품으로 섭취해야 합니다. 비타민 C는 산성으로 신맛이 납니다.

> 항산화 작용에 대한 설명은 75쪽을 참고하세요.

몸속에서 어떤 역할을 할까

비타민 C는 피부, 뼈와 치아, 혈관 등 몸의 조직을 단단히 연결해 주는 단백질인 콜라겐을 만드는 데 꼭 필요합니다. 항산화 영양소로서 특히 비타민 E의 항산화 작용을 도와주며, 노화를 방지하고 감기 등의 질병과 암을 예방합니다. 또 칼슘과 철이 몸에 잘 흡수되게 하며, 스트레스를 풀어 주는 데 필요하므로 '항스트레스 비타민'이라고도 합니다.

너무 많이 먹으면 어떤 증상이 생길까

부족하면 어떤 증상이 생길까

너무 많이 먹으면	부족하면
일상적인 식사로는 비타민 C를 많이 먹어도 문제가 되지 않습니다. 그러나 비타민 C 보충제를 너무 많이 먹으면 설사가 나고, 배가 아프며, 신장 결석(신장에 돌이 생김.)이 생길 수 있습니다.	비타민 C가 부족하면 콜라겐 합성이 잘 되지 않아 상처가 잘 낫지 않고, 잇몸에서 피가 나기 쉽습니다. 비타민 C가 오랫동안 부족하면 괴혈병에 걸려 뼈가 아프고, 관절이 붓고, 빈혈 등이 나타납니다.

비타민 C, 피부에도 좋아요

자외선을 오래 쬐면 얼굴에 주근깨와 기미가 생기는데, 이는 멜라닌 색소 때문입니다. 멜라닌은 자외선을 흡수하여 피부를 지켜 주는 역할을 합니다. 그러나 피부에 멜라닌 색소가 많으면 피부가 검어 보이고, 얼굴색이 칙칙해 보입니다. 비타민 C는 자외선에 의해 생긴 검은색의 멜라닌을 무색의 환원형 멜라닌으로 변화시켜 눈에 잘 띄지 않게 합니다.

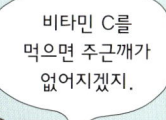
> 비타민 C를 먹으면 주근깨가 없어지겠지.

무기질

　　무기질은 미네랄(mineral)이라고도 하며, 다른 영양소에 비해 적은 양이 필요하지만 우리의 생명과 건강을 유지하는 데 꼭 필요한 필수 영양소입니다. 무기질은 우리 몸의 약 4%를 차지하며, 탄소를 함유하지 않아 에너지를 만들지 못하지만, 뼈와 치아를 형성하고, 여러 가지 생리 기능을 조절하며, 세포 안과 밖의 수분을 조절하는 등의 일을 합니다. 무기질은 우리 몸에서 스스로 만들어지지 않기 때문에 반드시 음식물로 섭취해야 합니다.

　우리 몸에 필요한 무기질은 약 16종류인데, 몸속에 많은 양이 들어 있고 많은 양이 필요한 무기질을 다량 무기질이라고 하고, 적은 양이 들어 있고 매우 적은 양이 필요한 무기질을 미량 무기질이라고 합니다. 다량 무기질에는 칼슘(Ca), 인(P), 나트륨(Na), 칼륨(K), 마그네슘(Mg), 황(S), 염소(Cl)가 있고, 미량 무기질에는 철(Fe), 아연(Zn), 구리(Cu), 아이오딘(I), 셀레늄(Se), 망가니즈(Mn), 몰리브데넘(Mo), 플루오린(F), 크로뮴(Cr) 등이 있습니다.

칼슘 calcium

튼튼한 뼈와 치아를 만들어요.

우유를 많이 먹어 칼슘을 보충해요.

지혈 작용과 근육 운동을 도와줘요.

영양소의 특징
- 우리 몸에 가장 많은 무기질입니다.
- 튼튼한 뼈와 치아를 만듭니다.
- 지혈 작용을 도와줍니다.
- 비타민 C·D와 함께 먹으면 흡수가 잘 됩니다.

어떤 식품에 들어 있을까
- 우유, 요구르트, 치즈
- 뼈째 먹는 생선(멸치, 뱅어포)
- 말린 작은 새우
- 녹색 채소(시금치, 무청, 미나리 등)

 ## 어떤 영양소일까

칼슘은 우리 몸에 가장 많은 무기질이지만 가장 부족하기 쉬운 영양소입니다. 칼슘은 우리 몸에서 뼈와 치아를 만들기 때문에 성장기 어린이들은 충분히 섭취해야 합니다. 비타민 D나 비타민 C 함유 식품과 함께 먹으면 칼슘의 흡수가 더 잘 됩니다. 그러나 단백질을 너무 많이 먹으면 몸속의 칼슘이 소변으로 빠져나가 부족해질 수 있습니다.

 ## 몸속에서 어떤 역할을 할까

> 칼슘의 99%는 뼈와 치아를 만들고, 나머지 1%는 혈액, 근육, 신경에 작용합니다.

칼슘은 뼈와 치아를 만드는 재료가 되는 영양소입니다. 우리 몸에서 뼈를 만들려면 칼슘뿐 아니라 인, 마그네슘, 아연 등의 무기질과 단백질, 비타민 C 등 여러 영양소가 필요한데, 칼슘은 특히 많이 필요합니다. 칼슘은 또 상처에서 나는 피를 멎게 도와주며, 팔, 다리 등의 근육이 잘 움직이게 합니다.

 ### 너무 많이 먹으면 어떤 증상이 생길까

칼슘을 너무 많이 먹으면 변비에 걸리며, 신장 기능이 나빠지고, 신장에 돌이 생길 수도 있습니다. 또 철이나 아연 등의 미량 무기질의 흡수가 잘 되지 않습니다.

 ### 부족하면 어떤 증상이 생길까

칼슘이 부족하면 비타민 D가 부족할 때와 같이 어린이는 구루병, 어른은 골다공증에 걸립니다. 특히 어려서부터 칼슘이 계속 부족하면 어른이 되어 골다공증에 걸리기 쉽습니다. 또 손과 발, 얼굴 등의 근육에 경련이 일어나기도 합니다.

탄산음료 대신 우유를 마셔요

탄산음료에는 탄산 가스뿐 아니라 인산이나 카페인도 들어 있습니다. 인산을 너무 많이 먹으면 칼슘 흡수가 잘 되지 않고, 뼈에서 칼슘이 빠져나와 뼈가 약해지며, 산성이기 때문에 치아를 썩게 하여 충치가 생깁니다. 또 카페인도 칼슘 흡수를 방해하므로 탄산음료 대신 칼슘이 풍부한 우유를 마셔서 튼튼한 뼈와 치아를 만들도록 해야 합니다.

> 우유를 마실 걸~.

인 phosphorus

"핵산을 구성해요."

"에너지를 만들고 저장할 때 필요해요."

칼슘과 함께 튼튼한 뼈와 치아를 만들어요.

영양소의 특징
- 우리 몸에 칼슘 다음으로 많은 무기질입니다.
- 칼슘과 함께 튼튼한 뼈와 치아를 만듭니다.
- 에너지를 만들고 저장하는 데 필요합니다.
- 세포막과 핵산의 구성 성분입니다.

어떤 식품에 들어 있을까
- 육류(쇠고기, 닭고기 등)
- 생선(고등어 등)
- 달걀
- 두부
- 우유, 치즈, 요구르트
- 견과류(아몬드 등)

어떤 영양소일까

인은 우리 몸에 칼슘 다음으로 많은 무기질입니다. 칼슘과 함께 튼튼한 뼈와 치아를 만들며, 뼈와 치아에 85%가 들어 있습니다. 인은 주로 단백질 식품에 많이 들어 있지만, 거의 모든 식품에 들어 있기 때문에 부족한 경우는 거의 없습니다.

몸속에서 어떤 역할을 할까

핵산은 유전이나 단백질 합성을 지배하는 중요한 물질입니다. 성장이나 생명 활동 유지에 중요한 작용을 하며, RNA와 DNA로 나눌 수 있어요.

인은 칼슘과 결합하여 뼈와 치아를 만드는 역할을 합니다. 인은 에너지 영양소인 탄수화물, 지방, 단백질이 우리 몸에서 에너지를 만들고 저장할 때도 필요합니다. 인은 또 세포막을 구성하며, 핵산 물질인 DNA와 RNA의 구성 성분이므로 성장기 어린이는 세포와 조직들이 잘 성장하기 위해 인을 많이 섭취해야 합니다.

너무 많이 먹으면 어떤 증상이 생길까

인을 너무 많이 먹으면 칼슘 흡수를 방해하여 뼈에서 칼슘이 빠져나가 뼈가 약해지고 잘 자라지 못하며, 뼈가 부러지는 골다공증에 걸릴 수 있습니다.

부족하면 어떤 증상이 생길까

인은 모든 식품에 골고루 들어 있어 부족할 염려는 거의 없습니다. 그러나 설사를 오래한 경우나 노인들에게는 부족할 수 있습니다. 인이 부족하면 기운이 없고, 몸이 약해지며, 뼈가 아픕니다.

인을 너무 많이 섭취하면 뼈 건강 적신호

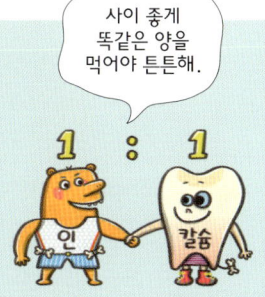

사이 좋게 똑같은 양을 먹어야 튼튼해.

튼튼한 뼈를 만들기 위해서는 칼슘과 인의 비율을 1:1로 섭취하는 것이 좋으며, 많아도 1:2를 넘지 않아야 합니다. 최근에는 각종 가공식품에 인을 포함한 첨가물을 많이 사용하여 우리나라 국민의 인 섭취량이 해마다 증가하고 있어 뼈 건강이 나빠지고 있으며, 성장기 어린이와 청소년에게 특히 문제가 된다고 합니다.

나트륨 sodium

근육 운동을 도와줘요.

짠맛을 담당해요.

몸 안의 수분과 혈압을 조절해요.

영양소의 특징

- 소금의 성분입니다.
- 세포 안과 밖의 수분량을 일정하게 합니다.
- 탄수화물과 단백질의 흡수를 도와줍니다.
- 팔과 다리 등의 근육이 잘 움직이게 합니다.

어떤 식품에 들어 있을까

- 소금
- 장류(간장, 된장, 고추장 등)
- 육가공품(햄, 소시지, 베이컨 등)
- 가공식품(라면 등)
- 장아찌류(오이지, 깻잎 장아찌 등)

어떤 영양소일까

나트륨은 음식을 만들 때 간을 맞추기 위해 사용하는 소금의 성분입니다. 나트륨은 몸의 수분 평형을 위해 매우 중요한 영양소이지만, 모든 식품에 들어 있고, 특히 동물성 식품과 가공식품에 많으므로 너무 많이 먹지 않도록 주의해야 합니다.

몸속에서 어떤 역할을 할까

> 혈압은 혈액이 혈관을 따라 흘러가면서 혈관 벽이 받는 압력입니다. 혈압이 높아지면 심장과 뇌에 병이 날 위험이 증가합니다.

나트륨은 주로 세포 밖에서 세포 안과 밖의 수분이 적절하게 유지되도록 도와주는 중요한 일을 합니다. 나트륨이 너무 많거나 적으면 세포 안과 밖의 수분량이 달라져 위험해지며, 혈압에도 영향을 미칩니다. 또 나트륨은 칼슘과 같이 팔과 다리 등의 근육이 잘 움직이는 데 필요하며, 탄수화물과 단백질의 흡수를 돕는 일을 합니다.

너무 많이 먹으면 어떤 증상이 생길까

부족하면 어떤 증상이 생길까

나트륨을 많이 먹으면 뇌·심장 질환과 고혈압, 위궤양 등의 질병이 생깁니다. 또 소변으로 칼슘이 많이 빠져나가 골다공증에 걸릴 수 있습니다.

나트륨은 거의 모든 식품에 들어 있어 부족한 경우는 거의 없습니다. 그러나 오랫동안 설사를 하거나 토하게 되면 나트륨이 부족해질 수 있어 어지럽거나 머리가 아프고, 근육에 경련이 일어나기도 합니다.

가공식품에는 짠맛이 없어도 나트륨이 많아요

음식에서 짠맛이 나면 나트륨이 들어 있다는 것을 쉽게 알 수 있습니다. 그런데 짠맛이 나지 않아도 나트륨이 많이 들어간 성분들이 있으며, 대표적인 것이 식품 첨가물입니다. 가공식품에는 조미료 이외에 짠맛이 느껴지지 않지만 색이나 향 등을 좋게 하기 위해 나트륨을 넣은 식품 첨가물들이 많이 들어 있으므로 너무 많이 먹지 않도록 합니다.

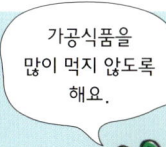

> 가공식품을 많이 먹지 않도록 해요.

칼륨 potassium

몸 안의 수분과 혈압을 조절해요.

나트륨을 배출시켜 혈압을 낮춰요.

몸속의 노폐물을 배출시켜요.

영양소의 특징
- 세포가 자라는 데 필요합니다.
- 세포 안과 밖의 수분량을 일정하게 합니다.
- 혈압을 낮추는 일을 합니다.
- 나트륨을 배출시킵니다.

어떤 식품에 들어 있을까
- 녹색 채소(시금치, 쑥갓, 케일 등)
- 단호박, 토마토, 당근
- 과일류(바나나, 사과, 오렌지 등)
- 감자   • 현미   • 우유

어떤 영양소일까

칼륨은 주로 세포 안에 있으며, 나트륨과 함께 몸의 수분 평형을 위해 매우 중요한 영양소입니다. 거의 모든 식품에 들어 있으며, 특히 채소와 과일에 많이 들어 있습니다. 또 식품의 가공 과정에서 감소하므로 가공식품보다는 자연식품에 더 많습니다.

몸속에서 어떤 역할을 할까

짠 음식을 먹을 때 칼륨이 함유된 식품을 함께 먹으면 나트륨을 줄일 수 있어요.

칼륨은 우리 몸의 세포가 자라는 데 꼭 필요하므로 성장기 어린이들은 칼륨이 많이 들어 있는 채소와 과일을 충분히 먹어야 합니다. 칼륨은 또 나트륨과 함께 세포 안과 밖의 수분량을 적절하게 유지하도록 도와주며, 혈압을 일정하게 유지하는 일을 합니다. 또한 칼륨은 우리 몸속의 노폐물 배출을 돕고, 나트륨을 배출시키기 때문에 혈압을 낮추는 효과가 있습니다.

너무 많이 먹으면 어떤 증상이 생길까

부족하면 어떤 증상이 생길까

일상적인 식사로는 칼륨을 너무 많이 먹을 염려는 없습니다. 그러나 칼륨 보충제 등을 너무 많이 먹으면 배탈이 나며, 신장 질환이 있는 사람은 혈액에 칼륨이 많이 쌓여 심장이 정상적인 기능을 할 수 없게 됩니다.	칼륨은 부족한 경우가 거의 없으나 음식을 잘 먹지 못해 영양실조가 되면 부족해질 수 있습니다. 칼륨이 부족하면 식욕이 없고, 변비가 생기며, 근육에 경련이 일어날 수 있습니다.

고혈압을 예방하려면 칼륨 섭취가 중요해요

과일과 채소를 많이 먹어요.

최근 고혈압에 걸린 사람들이 점점 더 증가하고 있습니다. 음식을 짜게 먹는 습관과 가공식품을 많이 먹어 나트륨 섭취가 더 많아졌기 때문입니다. 또 채소와 과일을 잘 먹지 않아 칼륨 섭취가 줄어 나트륨을 배출시키지 못하는 것도 이유 중 하나입니다. 따라서 고혈압을 예방하려면 칼륨이 풍부한 채소와 과일을 더 잘 먹어야 합니다.

마그네슘 magnesium

> 신경을 안정시키고, 근육을 풀어 줘요.

> 에너지와 단백질 만드는 걸 도와줘요.

칼슘과 함께 뼈와 치아를 만들고 건강하게 지켜 줘요.

영양소의 특징
- 뼈와 치아를 만듭니다.
- 근육을 풀어 주고 신경을 안정시키는 천연 진정제입니다.
- 에너지 만드는 걸 도와줍니다.
- 엽록소의 구성 성분으로, 식물성 식품에 많습니다.

어떤 식품에 들어 있을까
- 녹색 채소(시금치, 깻잎, 풋고추 등)
- 해조류(다시마 등)
- 과일류(바나나, 오렌지 등)
- 견과류(아몬드, 호두 등) · 곡류(현미, 보리 등)

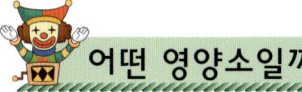
어떤 영양소일까

마그네슘은 칼슘과 함께 뼈와 치아를 만드는 영양소로, 50~60%가 뼈와 치아에 들어 있습니다. 마그네슘은 식물의 엽록소 구성 성분이므로 녹색 채소에 특히 많으며, 다른 식물성 식품에도 많습니다. 그러나 가공하거나 조리할 때, 곡류 껍질을 깎을 때 80%가 손실됩니다.

몸속에서 어떤 역할을 할까

마그네슘은 칼슘과 함께 뼈와 치아를 만들고 뼈를 건강하게 하는 데 꼭 필요합니다. 또 에너지와 단백질을 만드는 등 우리 몸에서 일어나는 약 300가지나 되는 일들을 도와주기 때문에 마그네슘이 부족하면 신체 기능이 잘 이루어지지 않습니다. 그리고 뻣뻣하게 굳은 근육을 풀어 주고, 혈압을 낮추며, 흥분을 가라앉히고 신경을 안정시키는 천연 진정제 역할을 합니다.

너무 많이 먹으면 어떤 증상이 생길까

건강한 사람은 마그네슘을 많이 먹어서 문제가 되는 경우는 거의 없습니다. 그러나 치료 목적 등으로 마그네슘을 너무 많이 먹게 되면 혈압이 낮아지고, 구토가 나며, 호흡하기 힘들어질 수 있습니다.

부족하면 어떤 증상이 생길까

육류와 가공식품을 많이 먹고 식물성 식품을 적게 먹으면 마그네슘이 부족할 수 있습니다. 마그네슘이 부족하면 피곤하며, 눈 밑이 떨리고, 다리에 근육 경련이 일어나며, 고혈압이 생길 수 있습니다.

마그네슘의 흡수를 방해해요

최근 채소나 과일에 비해 육류와 가공식품을 많이 먹어 마그네슘 부족이 문제가 되고 있습니다. 특히 탄산음료, 너무 단 음식, 커피 등도 마그네슘의 흡수를 방해합니다. 또 스트레스도 몸속의 마그네슘 소모량을 늘려 마그네슘 부족의 원인이 되고 있어 주의가 필요합니다.

과일과 채소를 많이 먹으니까 문제없어.

철 iron

혈액 속에서 산소를 운반하는 데 필요해요.

면역력을 높이고, 간의 해독 작용을 도와줘요.

영양소의 특징

- 혈액 내 산소를 운반하는 헤모글로빈을 만듭니다.
- 면역력을 높이고, 간에서 독을 없애는 데 필요합니다.
- 동물성 식품의 철이 흡수가 더 잘 됩니다.
- 부족하면 빈혈에 걸립니다.

어떤 식품에 들어 있을까

- 동물의 간(쇠간, 돼지간)
- 살코기(쇠고기, 돼지고기 등)
- 달걀노른자
- 대두
- 녹색 채소(무청, 시금치, 풋고추 등)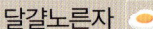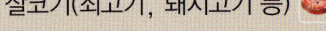

어떤 영양소일까

철은 우리 몸의 산소를 운반하는 매우 중요한 영양소이지만, 우리 몸에 가장 부족하기 쉬운 영양소입니다. 철은 동물성 식품과 식물성 식품에 모두 들어 있지만, 동물성 식품에 있는 철이 흡수가 더 잘 되므로, 채식만 하는 사람은 부족하기 쉽습니다. 비타민 C는 철의 흡수를 도와주므로 함께 먹으면 좋습니다.

몸속에서 어떤 역할을 할까

> 헤모글로빈은 적혈구 속의 철을 포함하는 붉은색 단백질로, 산소를 운반하는 역할을 합니다.

철은 혈액 내에서 산소를 운반하는 헤모글로빈의 구성 성분입니다. 그러므로 철이 부족해지면 세포는 산소가 부족하여 기능을 제대로 하지 못합니다. 철은 근육에서 산소를 잠시 저장하는 일도 합니다. 또 면역력을 높여 질병을 예방하고, 간이 몸속의 독을 없애는 작용에도 필요합니다.

너무 많이 먹으면 어떤 증상이 생길까

부족하면 어떤 증상이 생길까

일상적인 식사로 철을 너무 많이 먹는 일은 거의 없습니다. 그러나 철 보충제를 너무 많이 먹으면 변비, 메스꺼움, 구토를 일으키고 심장병에 걸릴 위험이 커지며, 병원균에 감염될 위험이 높아집니다.

철이 부족하면 학습 능력, 집중력, 면역 능력이 떨어집니다. 더 심하게 부족하면 빈혈을 일으켜 얼굴이 창백하고, 피로하며, 운동을 잘하지 못합니다. 성장기 어린이와 청소년, 임신부는 철이 많이 필요하므로 더 부족하기 쉽습니다.

아기의 이유식으로 달걀노른자가 좋아요

> 철을 보충할 때가 되었구나.

엄마 젖이나 우유에는 철이 매우 적게 들어 있습니다. 다행히 아기는 태어나서 3~4개월 동안은 필요한 만큼의 철이 간에 저장되어 있습니다. 그러나 태어난 지 4~5개월이 지나면 간에 저장된 철이 모두 소모되므로, 이때 철을 보충해 주기 위해 삶은 달걀노른자를 먹이면 좋습니다.

아연 zinc

> 상처를 빨리 낫게 하고, 알레르기와 두드러기를 예방해요.

> 근육과 뼈의 발육을 도와줘요.

신체 성장 발달에 꼭 필요해요.

영양소의 특징

- 신체 성장에 중요한 영양소입니다.
- 알레르기와 두드러기를 예방합니다.
- 면역 기능을 원활하게 해 줍니다.
- 근육과 뼈의 발육을 도와줍니다.

어떤 식품에 들어 있을까

- 굴
- 육류(쇼고기, 닭고기 등)
- 우유, 요구르트, 치즈
- 통곡류(현미 등)
- 콩류(검은콩, 땅콩 등)

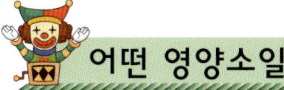
어떤 영양소일까

아연은 신체 성장에 없어서는 안되는 중요한 영양소로, 주로 근육과 뼈에 들어 있습니다. 아연은 거의 모든 식품에 들어 있지만, 특히 단백질이 풍부한 식품에 많으며, 식물성 식품보다는 동물성 식품에 많이 들어 있고 흡수율도 높습니다. 굴은 아연이 풍부한 대표적인 식품입니다.

> 효소는 단백질 성분으로, 우리 몸에서 생명 활동을 유지하기 위해 물질을 합성하거나 분해하는 일을 할 때 도와줍니다.

몸속에서 어떤 역할을 할까

아연은 우리 몸의 약 200종이나 되는 효소의 구성 성분으로, 세포 성장과 단백질 합성뿐 아니라 에너지를 만들고 저장하며, 뼈를 단단하게 하고, 근육과 뼈의 발육을 도와줍니다. 또 상처를 빨리 낫게 하며, 각종 알레르기와 두드러기를 예방하고, 면역 기능을 원활하게 해 줍니다.

너무 많이 먹으면 어떤 증상이 생길까

일상적인 식사로 아연을 너무 많이 먹는 일은 거의 없습니다. 그러나 아연 보충제를 너무 많이 먹으면 구리 등 다른 무기질의 흡수를 방해하고, 구토와 설사를 유발하며, 면역 기능을 떨어뜨립니다.

부족하면 어떤 증상이 생길까

성장기 어린이가 아연이 부족하면 성장이 잘 안되고 식욕이 감소하며, 학습 능력도 떨어집니다. 또 아토피 피부염, 알레르기성 비염 등 면역력이 약할 때 생기는 질병에 걸리기 쉽습니다.

아연의 흡수율을 높이려면?

아연의 흡수율은 함께 섭취하는 식품 속 성분의 영향을 받습니다. 콩류와 곡류의 껍질에 있는 피트산이나 식이 섬유는 아연과 결합하여 아연의 흡수율을 감소시킵니다. 또 철과 구리, 칼슘을 너무 많이 섭취해도 아연의 흡수율이 낮아집니다. 따라서 철이나 칼슘 보충제를 너무 많이 먹지 않도록 하고, 먹을 때에는 아연 보충제를 함께 먹도록 합니다.

> 아연의 흡수를 방해하니까 너무 많이 먹지 말아야 해.

구리 copper

영양소의 특징

- 철이 헤모글로빈을 만들 때 필요합니다.
- 콜라겐을 만드는 데 필요합니다.
- 뼈와 심장 근육을 단단하게 합니다.
- 부족하면 빈혈이 생깁니다.

어떤 식품에 들어 있을까

- 쇠간
- 굴, 조개류
- 견과류(아몬드, 호두 등)
- 곡류(보리, 현미 등)

어떤 영양소일까

구리는 우리 몸에 매우 적게 들어 있는 미량 무기질이며, 우리 몸에 있는 구리의 2/3는 뼈와 근육에 들어 있습니다. 구리는 철과 함께 헤모글로빈을 만들고, 콜라겐을 만들 때 필요합니다. 구리는 특히 고기의 내장, 견과류에 많이 들어 있습니다.

몸속에서 어떤 역할을 할까

구리는 우리 몸에서 철의 운반과 이용을 도와주며, 철이 헤모글로빈을 만들 때 필요하므로 부족하면 적혈구가 잘 만들어지지 않아 빈혈이 생깁니다. 또 구리는 여러 효소의 구성 성분으로 단백질을 만드는 등 여러 가지 일을 도와줍니다. 특히 세포와 세포, 조직을 결합하는 단백질인 콜라겐을 만드는 데 필요하므로, 뼈를 튼튼하게 하고 심장 근육을 단단하게 하는 데 중요한 역할을 합니다.

너무 많이 먹으면 어떤 증상이 생길까

일상적인 식사로 구리를 많이 먹는 일은 거의 없습니다. 그러나 구리 보충제를 너무 많이 먹으면 배가 아프며, 구토와 설사를 합니다. 계속 많이 먹으면 간이 손상됩니다.

부족하면 어떤 증상이 생길까

일상적인 식사로 구리가 부족한 일은 거의 없지만, 아연 보충제를 많이 먹거나 하여 구리가 부족하면 빈혈이 생기고, 성장이 잘 안되며, 뼈가 쉽게 부러지고, 머리카락의 색깔이 빠질 수 있습니다.

빈혈을 예방하는 영양소

우리 몸에서 혈액을 만들기 위해서는 철과 구리뿐 아니라 비타민 B_6, 폴산, 비타민 B_{12}, 비타민 C 등 여러 영양소들이 함께 필요합니다. 이 중 한 가지라도 부족하면 빈혈이 생길 수 있습니다. 영양소는 식품마다 들어 있는 종류와 성분이 각각 다르므로 빈혈을 예방하려면 편식하지 말고 다양한 식품을 골고루 먹어야 합니다.

음식을 골고루 먹어야 빈혈이 생기지 않아요.

아이오딘 iodine

갑상샘 호르몬을 만들어요.

신체 성장과 지능 발달을 도와줘요.

영양소의 특징

- 갑상샘 호르몬을 만드는 데 필요합니다.
- 어린이와 청소년의 신체 성장과 지능 발달을 도와줍니다.
- 건강한 피부와 머리카락, 손톱을 만듭니다.
- 해산물에 많이 들어 있습니다.

어떤 식품에 들어 있을까

- 해조류(미역, 김, 다시마 등)
- 바다 생선(고등어, 연어 등) • 달걀
- 우유, 요구르트
- 통밀, 귀리

어떤 영양소일까

아이오딘은 갑상샘 호르몬을 만드는 데 필요한 영양소이며, 70~80 %가 목 앞 중앙에 있는 갑상샘에 들어 있습니다. 아이오딘은 바닷물에도 있기 때문에 바다 생선과 해조류에 많이 들어 있습니다. 우리나라는 해산물이 풍부하고 해조류와 생선을 즐겨 먹어 아이오딘을 너무 많이 섭취할 수도 있으나 크게 걱정할 정도는 아닙니다.

갑상샘은 우리 몸에서 호르몬을 분비하는 내분비 기관 중 가장 크며, 갑상샘 호르몬을 만들어 몸의 기능을 적절하게 유지하는 일을 하는 중요한 기관입니다.

몸속에서 어떤 역할을 할까

아이오딘의 가장 중요한 역할은 갑상샘 호르몬을 만드는 것입니다. 갑상샘 호르몬은 우리 몸의 여러 작용을 촉진시키며, 체온을 일정하게 유지해 줍니다. 그리고 단백질을 잘 만들게 하여 신체 성장과 지능 발달을 도와주고, 건강한 피부와 머리카락, 손톱을 만드는 등 다양한 일을 합니다.

너무 많이 먹으면 어떤 증상이 생길까

부족하면 어떤 증상이 생길까

일시적으로 아이오딘을 많이 먹으면 입과 목구멍, 위가 쓰리고, 메스껍고, 구토와 설사가 생깁니다. 오랫동안 많이 먹으면 갑상샘 호르몬의 기능이 너무 커져 건강에 해롭습니다.

어린이와 청소년이 아이오딘 섭취가 부족하면 신체 성장과 지능 발달이 잘 이루어지지 않습니다. 임신부가 아이오딘 섭취가 부족하면 뱃속의 아기가 잘 자라지 못하고, 태어나서도 잘 성장하지 못합니다.

임신부가 우유를 많이 마시면 아기 IQ가 쑥쑥

임신부가 우유를 많이 마시면 아이오딘 섭취가 많아져 아기의 지능 지수(IQ)를 높이는 데 도움을 줍니다. 임신 기간에 아이오딘 섭취가 부족하면 지능 발달에 나쁜 영향을 미쳐 아기의 IQ가 8~10 정도 낮아진다고 합니다. 따라서 특히 뇌세포가 거의 완성되는 임신 초기에는 우유를 비롯한 아이오딘 함유 식품을 충분히 먹어야 합니다.

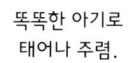

똑똑한 아기로 태어나 주렴.

셀레늄 selenium

세포 노화를 방지하고 면역력을 높여 줘요.

암 예방 효과가 있어요.

병균

영양소의 특징

- 강한 항산화 작용을 합니다.
- 세포 노화를 방지하고, 암을 예방합니다.
- 면역 기능을 높여 줍니다.
- 동물성 식품에 많이 들어 있습니다.

어떤 식품에 들어 있을까

- 동물의 간
- 육류(살코기)
- 굴
- 붉은 살 생선(참치, 연어 등)
- 오징어, 새우, 조개류
- 달걀
- 곡류(밀, 보리, 현미 등)
- 우유

어떤 영양소일까

셀레늄은 우리 몸에 매우 적은 양이 들어 있지만 강한 항산화 작용을 하여 몸 안의 독성을 없애 줍니다. 비타민 C, 비타민 E와 함께 섭취하면 더 큰 항산화 효과가 있습니다. 동물성 식품에 많이 들어 있으며, 식물성 식품에도 들어 있으나 채소와 과일에는 적은 편입니다.

호흡을 통해 몸에 들어온 산소 중 일부는 세포막을 산화시켜 세포를 늙게 하거나 변하게 만드는데, 이러한 산화를 막아 주는 작용을 항산화 작용이라고 합니다.

몸속에서 어떤 역할을 할까

셀레늄은 항산화 효소의 구성 성분으로, 산화 물질로부터 세포막을 보호하는 항산화 작용을 합니다. 셀레늄의 항산화 능력은 비타민 E의 항산화 능력보다 훨씬 강하여 세포 노화를 방지하고, 위암, 폐암, 대장암 등 암을 예방하는 효과가 있습니다. 또 면역 기능을 높여 주어 여러 질병을 예방합니다.

너무 많이 먹으면 어떤 증상이 생길까

부족하면 어떤 증상이 생길까

셀레늄을 너무 많이 먹으면 독성이 나타납니다. 침을 많이 흘리며, 토하고 설사를 하며, 코에서 마늘 냄새가 나고, 머리카락이 빠집니다. 오랫동안 많이 먹으면 손톱 모양이 변하고, 몸이 약해지며, 근육이 마비됩니다.

셀레늄이 부족하면 우리 몸의 여러 장기들이 기능을 제대로 하지 못하여 근육이 줄어들고 아프며, 심장 근육이 손상되는 질병에 걸리게 됩니다. 또 폐암 등 암에 걸릴 위험이 높아집니다.

셀레늄 결핍증 '케산병'

식품에 들어 있는 셀레늄의 양은 그 식품이 생산된 지역 토양의 셀레늄 함량에 따라 많은 차이가 있습니다. 중국의 헤이룽장성 케산 마을에서는 심장 근육 병증이 풍토병처럼 발생하였는데, 중국 과학자들의 연구 결과에 따르면, 셀레늄 함량이 적은 그 지역 토양에서 생산된 농작물을 먹는 사람들의 셀레늄 결핍이 주요한 원인이라고 합니다.

셀레늄이 부족해~.

망가니즈 manganese

뇌 기능을 잘 유지해 줘요.

항산화 작용을 해요.

뼈 만드는 걸 도와줘요.

영양소의 특징

- 항산화 작용을 합니다.
- 뼈 성장에 도움을 줍니다.
- 뇌 기능을 정상적으로 유지합니다.
- 면역 기능을 높여 줍니다.

어떤 식품에 들어 있을까

- 견과류(호두, 아몬드 등)
- 통곡류(현미 등)
- 잎채소
- 콩류(콩, 팥 등)

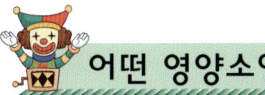
어떤 영양소일까

망가니즈는 셀레늄과 같이 항산화 작용을 하며, 뼈 만드는 것을 도와주는 영양소입니다. 주로 견과류와 통곡류 등의 식물성 식품에 들어 있고, 동물성 식품에는 거의 없습니다.

피트산이 많은 통곡류나 콩류, 옥살산이 많은 양배추, 시금치, 단호박 등은 망가니즈의 흡수를 방해할 수 있습니다.

몸속에서 어떤 역할을 할까

망가니즈는 몸 안의 여러 중요한 효소들을 만들거나 활성화시켜 결합 조직과 뼈 만드는 것을 도와주며, 탄수화물과 단백질, 지방을 분해하거나 합성하는 등의 여러 일을 하는 데 필요합니다. 또 항산화 작용에도 중요한 역할을 하며, 면역 기능을 높여 주고, 뇌 기능을 정상적으로 유지하는 역할을 합니다.

너무 많이 먹으면 어떤 증상이 생길까

부족하면 어떤 증상이 생길까

일상적인 식사로는 망가니즈를 많이 먹어서 문제가 되는 일은 거의 없습니다. 그러나 탄광이나 용광로 생산 공장에서 망가니즈를 오래 다루는 사람에게는 식욕이 없고, 피로감, 정신 불안 등 망간 중독 증상이 일어날 수 있습니다.

망가니즈는 필요량이 매우 적고, 식품에 충분히 들어 있기 때문에 일상적인 식사로는 부족하지 않습니다. 그러나 임신부에게 망가니즈가 부족하면 태아의 골격 이상, 성장 장애 등이 나타날 수 있으며, 심하면 기형아가 태어날 수도 있습니다.

망가니즈를 많이 섭취하면 학습 능력이 떨어져요

망가니즈는 항산화 작용과 뇌 기능 유지 등 몸에서 매우 중요한 일을 하는 영양소이지만 독성이 있어 조심해야 합니다. 망가니즈가 함유된 공기를 지나치게 흡입하면 신경 발달에 해롭습니다. 특히 어린이들은 학습 능력이 손상되고, 신경 발달에 영향을 주어 지능 지수(IQ)가 낮아질 수 있습니다.

공부를 잘 할 수 없게 될 수 있어.

몰리브데넘 molybdenum

철, 구리와 함께 빈혈을 예방해요.

몰리브데넘이 풍부한 땅

항산화 작용을 해요.

영양소의 특징

- 철, 구리와 상호 작용을 합니다.
- 빈혈을 예방합니다.
- 산화 효소의 작용을 도와줍니다.
- 요산 형성을 도와줍니다.

어떤 식품에 들어 있을까

- 우유, 유제품(요구르트, 치즈)
- 콩류(검은콩, 녹두, 땅콩 등)
- 동물의 간
- 견과류
- 통곡류(현미 등)

어떤 영양소일까

　몰리브데넘은 철, 구리와 상호 작용을 하는 미량 무기질로, 우리 몸의 간이나 근육, 뼈 등에 주로 들어 있습니다. 몰리브데넘은 모든 식품에 골고루 있으며, 특히 콩류와 통곡류, 견과류에 많이 들어 있습니다. 몰리브데넘은 토양에 풍부하게 들어 있으므로 그 식품이 생산된 지역의 토양 환경에 따라 식품의 몰리브데넘 함량이 크게 달라집니다.

몸속에서 어떤 역할을 할까

> 몰리브데넘의 농도가 낮은 토양 지역에 사는 사람들은 식도암 발병률이 높다고 합니다.

　몰리브데넘은 구리와 함께 우리 몸에서 철이 잘 이용되도록 하여 빈혈을 예방합니다. 뼈와 근육 등의 조직에 들어 있는 몰리브데넘은 여러 산화 효소의 작용을 도와 요산 형성, 핵산 등 여러 물질의 산화 억제 등의 역할을 하여 우리의 건강을 지켜 줍니다.

 너무 많이 먹으면 어떤 증상이 생길까　　 **부족하면 어떤 증상이 생길까**

몰리브데넘은 비교적 독성이 없어 일상적인 식사로는 많이 먹어 문제가 되지 않습니다. 그러나 산업 현장 등에서 공기를 통해 너무 많이 흡입하면 관절통, 통풍 등의 증상이 나타납니다.	정상적인 식사를 하는 건강한 사람에게는 생기지 않습니다. 그러나 정맥 주사로 영양을 투여 받는 환자에게 부족할 수 있어 심장이 빨리 뛰거나 호흡하기 힘들며, 몸이 붓고, 허약해지는 증상이 생깁니다.

요산이 많으면 통풍에 걸릴 수 있어요

　요산은 대부분 신장에서 소변으로 배출되는데, 요산이 많이 생성되거나 배출이 충분하지 못하면 혈액 속에 요산이 많아져 통풍에 걸리게 됩니다. 통풍이란, 혈액 속의 요산이 요산염 결정을 만들어 관절의 연골이나 힘줄 등에 쌓이는 질병입니다. 통풍에 걸리면 관절에 염증이 생겨 아프고, 관절 모양이 변하거나 불구가 될 수도 있습니다.

> 통풍은 엄지 발가락에 가장 흔하게 생깁니다.

플루오린 fluorine

뼈를 튼튼하게 해요.

세균

충치를 예방해요.

세균

영양소의 특징

- 충치를 예방합니다.
- 튼튼한 뼈를 만듭니다.
- 뼈가 부러지는 위험을 줄여 줍니다.
- 골다공증 예방 효과가 있습니다.

어떤 식품에 들어 있을까

- 차와 음료
- 곡류
- 감자류
- 콩류
- 육류
- 잎채소

어떤 영양소일까

플루오린은 예전에는 '불소'라고 부르던 미량 무기질이며, 충치를 예방하고 억제하는 데 중요한 영양소입니다. 충치를 예방하기 위해 수돗물이나 치약 등에 플루오린을 넣는 경우도 있습니다. 플루오린은 우리 몸에서 칼슘이 많은 뼈와 치아에 주로 들어 있으며, 거의 모든 식품에 들어 있습니다.

몸속에서 어떤 역할을 할까

플루오린의 가장 큰 기능은 충치를 예방하는 것입니다. 플루오린은 치아의 표면을 튼튼하게 하는 성분으로, 치아에 있는 세균이 당류를 분해하여 만들어 낸 산의 공격으로부터 치아를 보호합니다. 또 뼈가 잘 만들어지도록 자극하고, 뼈에 무기질이 축적되는 것을 도와 튼튼한 뼈를 만들게 합니다. 따라서 뼈가 부러지는 위험을 줄여 주고, 골다공증을 예방하는 효과도 있습니다.

너무 많이 먹으면 어떤 증상이 생길까

부족하면 어떤 증상이 생길까

너무 많이 먹으면	부족하면
플루오린을 너무 많이 먹으면 치아가 나는 시기의 어린이는 치아에 반점이 생기는데, 이것을 반상치라고 합니다. 치아 발달이 끝난 9세부터는 반상치 위험이 거의 없습니다.	플루오린 섭취가 부족하면 충치가 생기기 쉽습니다. 또 노인은 플루오린 섭취가 부족하면 골다공증에 걸릴 위험이 높아집니다.

치약을 삼키지 않도록 주의해요

플루오린의 충치 예방 효과 때문에 최근에는 플루오린을 첨가한 구강용품이 많아지고 있습니다. 그런데 유아들은 양치할 때마다 사용한 치약의 20 %를 삼키게 되어 플루오린을 함유한 치약을 사용하면 플루오린 섭취가 많아져 반상치를 유발할 수 있습니다. 그러므로 적은 양의 치약을 사용하고, 삼키지 않도록 주의해야 합니다.

치약을 삼키면 몸에 해로워요.

크로뮴 chromium

혈당을 조절해요.

좋은 콜레스테롤을 높여 줘요.

영양소의 특징

- 인슐린 활성을 높여 줍니다.
- 혈당을 조절합니다.
- 어린이 성장을 도와줍니다.

어떤 식품에 들어 있을까

- 치즈
- 육류(특히 육가공품)
- 달걀노른자
- 통곡류(통밀빵, 현미 등)
- 견과류
- 시리얼, 오트밀

어떤 영양소일까

크로뮴은 혈당, 즉 혈액의 포도당 농도를 유지하는 데 중요한 영양소입니다. 식품 속의 크로뮴 양은 매우 적으며, 흡수율도 매우 낮습니다. 비타민 C는 크로뮴의 흡수를 높여 줍니다. 도정하지 않은 통곡류에 크로뮴이 많이 함유되어 있습니다.

몸속에서 어떤 역할을 할까

> 인슐린은 췌장에서 분비되는 호르몬입니다. 혈액에 포도당이 많아지면 인슐린이 분비되어 각 세포가 포도당을 가져다 에너지로 사용하게 하여 혈당을 낮춥니다.

크로뮴은 우리 몸에서 탄수화물의 이용에 필요한 호르몬인 인슐린의 활성을 증가시켜 포도당이 세포 내로 들어가는 것을 도와 혈당이 안정적으로 유지될 수 있도록 해 줍니다. 크로뮴은 또 혈액 속의 지방을 줄여 주고, 좋은 콜레스테롤을 높여 주는 효과가 있으며, 어린이들의 성장을 도와줍니다.

너무 많이 먹으면 어떤 증상이 생길까

부족하면 어떤 증상이 생길까

일상생활에서 크로뮴을 너무 많이 섭취하여 문제가 되는 경우는 거의 없습니다. 그러나 산업 현장 등에서 공기를 통해 너무 많이 흡입하면 알레르기성 피부염, 피부병, 폐암에 걸릴 수 있습니다.

일반인이 크로뮴 섭취가 부족하여 문제가 되는 경우는 거의 없습니다. 그러나 크로뮴이 부족하면 혈당 수치가 높아지고, 인슐린 활성이 떨어지며, 혈액 속의 콜레스테롤과 지방이 증가합니다.

몸에 좋은 중금속, 몸에 해로운 중금속

금속 이온 중 무게가 무거운 금속을 중금속이라고 합니다. 중금속 중에서 철, 아연, 망가니즈, 크로뮴, 셀레늄은 우리 몸에서 여러 가지 일을 하는 영양소로, 부족하면 결핍증이 나타납니다. 그러나 납, 수은, 카드뮴 등은 우리 몸에 해로운 중금속입니다. 이러한 중금속에 오염된 식품을 너무 많이 섭취하면 여러 중독 증상이 나타납니다.

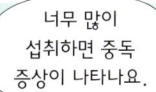
> 너무 많이 섭취하면 중독 증상이 나타나요.

물(수분) water

영양소의 특징
- 몸무게의 50~70%를 차지합니다.
- 영양소를 운반하고, 노폐물을 배출합니다.
- 체온을 조절합니다.
- 몸 기관의 윤활제 역할을 합니다.

어떤 식품에 들어 있을까
- 물
- 두유, 우유
- 주스
- 음료(이온 음료, 탄산음료)
- 커피와 차류

어떤 영양소일까

물(수분)은 우리의 생명과 건강을 유지하는 데 필요한 탄수화물, 단백질, 지방, 비타민, 무기질과 함께 6대 영양소 중의 하나입니다. 물은 우리 몸을 구성하는 성분 중 가장 많으며, 몸무게의 50~70%를 차지합니다. 물은 사람의 생명 유지에 가장 중요한 영양소로, 사람은 물을 먹지 않고는 3~4일 정도밖에 살 수 없다고 합니다.

몸속에서 어떤 역할을 할까

물은 몸에서 발생한 열을 땀이나 폐를 통해 몸 밖으로 발산시켜 체온을 조절합니다.

물은 혈액의 주요 성분으로 영양소를 세포로 운반하거나 노폐물을 몸 밖으로 배출하며, 체온을 조절해 주는 중요한 기능을 합니다. 또 눈의 수정체나 관절에 있는 물은 외부의 충격으로부터 눈을 보호하고, 관절을 부드럽게 움직일 수 있도록 하며, 소화 기관과 호흡 기관의 점막을 부드럽게 합니다.

너무 많이 먹으면 어떤 증상이 생길까

부족하면 어떤 증상이 생길까

물을 필요 이상으로 많이 마시면 소변으로 배설되지만, 우리 몸에 필요한 나트륨을 묽게 하여 혈액의 나트륨 농도가 크게 감소할 수도 있습니다. 이런 상태가 되면 정신이 혼란스럽고, 졸리며, 구토가 생길 수 있고, 근육이 피로할 수 있습니다.

탈수는 물의 양이 지나치게 손실되는 현상으로, 계속 설사나 구토를 하거나 땀을 너무 많이 흘릴 때 나타납니다. 몸속 물의 2%가 손실되면 갈증을 느끼고, 4%가 손실되면 근육이 피로해지며, 20%가 손실되면 생명을 잃을 수 있습니다.

갈증이 나기 전에 물을 마셔요

하루에 필요한 6~8컵의 물을 마시려면 갈증이 날 때 물을 마시는 것으로는 부족합니다. 특히 기후가 건조할 때나, 어린이나 노인은 갈증을 잘 느끼지 못할 수 있습니다. 그러므로 갈증을 느끼지 않더라도 물을 자주 마시는 습관을 기르도록 합니다. 물은 식사와 식사 사이에 30분 정도 간격으로 마시며, 3분 정도 천천히 마시는 것이 좋습니다.

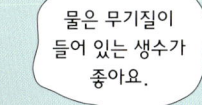
물은 무기질이 들어 있는 생수가 좋아요.

피토케미컬
phytochemical

 식물에는 비타민, 무기질, 식이 섬유 외에 건강에 유익한 다양한 생리 활성 물질인 피토케미컬(phytochemical, 식물 화학 물질)이 들어 있습니다. 피토케미컬은 각종 미생물과 해충 등으로부터 식물을 지키는 역할을 합니다. 피토케미컬은 영양소는 아니지만 우리가 건강을 유지하고 질병을 예방하는 데 도움을 주어 최근 '제 7의 영양소'로 주목 받고 있습니다. 피토케미컬은 우리 몸에서 항산화 작용과 항암 작용을 하며, 면역 기능과 해독 작용을 증가시키고, 노화를 늦추어 줍니다. 또 심장이나 혈관의 질

병, 고혈압, 골다공증 등 여러 질병의 발병을 감소시킵니다. 피토케미컬은 지금까지 알려진 것만도 8000여 가지나 됩니다. 그 중 대표적인 것으로는 빨간색 식품에 많은 라이코펜과 안토사이아닌, 노란색(주황색) 식품에 많은 베타카로틴, 초록색 식품에 많은 엽록소, 하얀색 식품에 많은 알리신, 보라색(검은색)에 많은 레스베라트롤 등이 있습니다. 피토케미컬은 다양한 색을 가진 채소와 과일에 특히 많이 들어 있으며, 신선하고 색이 진하며 향이 강할수록 많이 들어 있습니다.

베타카로틴 β-carotene

> 눈 건강에도 좋아요.

> 노화를 방지하고 암을 예방해요.

 **어떤 효능이 있을까?**

베타카로틴은 노란색과 주황색을 나타내는 색소입니다. 우리 몸에서 비타민 A로 바뀌어 사용될 수 있어 눈 건강에 도움이 되며, 항산화 작용을 하여 대장암과 유방암 등의 암을 예방하고 노화를 방지합니다. 베타카로틴은 지용성이므로 생으로 먹는 것보다 기름에 조리하여 먹는 것이 흡수가 더 잘 됩니다.

어떤 식품에 들어 있을까

| 당근 | 단호박 | 단감 |
| 귤(오렌지) | 살구 | 황도 |

라이코펜 lycopene

어떤 효능이 있을까?

라이코펜은 빨간색을 나타내는 색소입니다. 혈관을 튼튼하게 하여 심장병을 예방하고 노화를 방지합니다. 또 면역력을 높여 주며, 암을 예방하는 효과도 있습니다. 라이코펜이 많이 들어 있는 토마토는 생으로 먹는 것보다 기름에 익혀 먹으면 흡수가 더 잘 됩니다.

어떤 식품에 들어 있을까

토마토, 파프리카, 석류, 수박, 자몽, 살구

안토사이아닌
anthocyanin

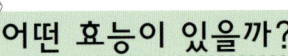
어떤 효능이 있을까?

안토사이아닌은 빨간색, 보라색 등을 나타내는 색소입니다. 매우 강력한 항산화제로, 핵산이나 단백질과 같은 우리 몸의 중요한 물질을 공격하는 활성 산소의 작용을 차단하여 노화를 방지하고, 암과 심장병, 뇌졸중 등의 생활 습관병을 예방합니다. 식품의 색이 진할수록 안토사이아닌이 많이 들어 있습니다.

어떤 식품에 들어 있을까

딸기 자두 블루베리

포도 체리 검은콩 팥

아이소플라본
isoflavone

> 콩에 많이 들어 있어요.

> 여성 호르몬 역할을 해요.

어떤 효능이 있을까?

아이소플라본은 구조와 기능이 여성 호르몬 에스트로젠과 비슷하여 식물성 에스트로젠이라고 불리기도 합니다. 우리 몸 안에서 에스트로젠과 같은 역할을 하며, 유방암 발병을 낮춥니다. 콩뿐 아니라 콩 가공품에도 들어 있으며, 된장과 청국장과 같은 콩 발효 식품에는 분해된 형태로 있어 흡수가 더 잘 됩니다.

어떤 식품에 들어 있을까

콩류(검은콩, 노란콩 등)

콩 가공품(두유, 두부, 된장 등)

알리신 allicin

살균과 항균 작용을 하고 혈액 순환을 원활하게 해요.

암 예방 효과도 있어요.

 ## 어떤 효능이 있을까?

알리신은 마늘과 양파에 들어 있는 성분입니다. 살균과 항균 작용이 강하며, 혈관을 확장시켜 혈액 순환을 원활하게 하고, 소화가 잘 되도록 합니다. 또 인슐린 분비를 도와 당뇨병에 효과가 있으며, 암을 예방합니다. 마늘을 익히면 알리신이 파괴되어 독특한 냄새가 없어지며 알리신의 효과도 없어집니다.

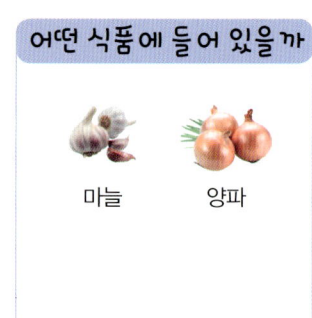

어떤 식품에 들어 있을까

마늘　　양파

캡사이신 capsaicin

식욕을 자극하고 소화를 도와줘요.

다이어트에 도움을 줘요.

어떤 효능이 있을까?

캡사이신은 고추의 매운맛 성분입니다. 혈관을 확장시켜 혈액 순환을 원활하게 하고, 위를 자극하여 소화액이 잘 분비되도록 하여 식욕을 자극하고 소화를 도와줍니다. 또 몸 안의 지방을 분해하여 다이어트에 효과가 있습니다. 그러나 너무 많이 먹으면 위장에 해롭습니다.

어떤 식품에 들어 있을까

고추

고추장

엽록소 chlorophyll

몸속 해로운 물질을 배출해 줘요.

피로를 풀어 주고 노화를 예방해요.

 어떤 효능이 있을까?

엽록소는 녹색 색소로, 녹색 채소와 과일에 들어 있습니다. 신진 대사를 원활하게 하고 피로를 풀어 주며, 몸에 해로운 중금속을 몸 밖으로 배출해 주고, 세포 재생을 도와 노화 예방에 도움을 줍니다. 엽록소는 산과 가열에 약하므로, 녹색 채소는 끓는 물에 짧은 시간 동안 데치는 것이 좋습니다.

어떤 식품에 들어 있을까

시금치 | 브로콜리 | 깻잎
부추 | 키위 | 청포도

레스베라트롤
resveratrol

강한 항산화 작용과 암 예방 효과가 있어요.

콜레스테롤을 낮추고, 치매를 예방해요.

어떤 효능이 있을까?

보라색 식품에 많은 레스베라트롤은 강력한 항산화 작용을 하고, 암을 예방하는 효과가 있어 노화를 억제하여 수명을 연장합니다. 또 혈액 속의 콜레스테롤 수치를 낮추며, 치매를 예방합니다. 레스베라트롤은 포도 껍질과 씨에 들어 있으므로 포도를 껍질째 꼭꼭 씹어 먹는 것이 좋습니다.

어떤 식품에 들어 있을까

포도  블루베리

크랜베리  땅콩

캐릭터로 배우는
영양소 도감

1판 1쇄 인쇄 | 2018년 6월 10일
1판 1쇄 발행 | 2018년 6월 20일

글 | 이경애
펴낸이 | 양진오
펴낸곳 | (주)교학사

책임편집 | 황정순
편집·교정 | 하유미·김천순·이원숙
디자인 | (주)교학사 디자인센터
일러스트 | 최현주
제작 | 이재환
인쇄 | (주)교학사

출판 등록 | 1962년 6월 26일 (제18-7호)
주소 | 서울 마포구 마포대로 14길 4
전화 | 편집부 312-6685/707-5202, 영업부 707-5147
팩스 | 편집부 365-1310, 영업부 707-5160
전자 우편 | kyohak17@hanmail.net
홈페이지 | http://www.kyohak.co.kr

ⓒ이경애, 2018
* 이 책에 실린 그림·내용 등을 저작권자의 동의 없이
  복사하거나 전재할 수 없습니다.

값 15,000원

ISBN 978-89-09-20739-3 96590